Michael Vesper

BAD KREUZNACH entdecken

Orte, Menschen, Stadt(er)leben.

99 Tipps

LEINPFAD VERLAG

Autor und Verlag haben alle Infos in diesem Buch sorgfältig recherchiert und geprüft und übernehmen keine Haftung für etwa übersehene Unrichtigkeiten.

Konzept, Redaktion: Angelika Schulz-Parthu
Umschlag: Ursula S. Kosa, Ingelheim, mit Fotos von David Haase, Harald Hartusch, Dominik Kretz, Fondation Kubach-Wilmsen, Matthias Luhn, Isabel Mittler, Beate Vogt-Gladigau
Fotos: Bauhof Bad Kreuznach (Friedhof) S. 83, Betriebsgesellschaft für Schwimmbäder und Nebenbetrieben S. 45, Visuelle Medien Brunk S. 187, Jörg Burmeister S.147, Stefan Butz S. 75, Steffen Dietz S. 53, Ebernburgverein e.V. S. 39, 107, Gesundheit und Tourismus für Bad Kreuznach GmbH S. 51, Peter Götzmann S. 131, Haus der Geschichte Bad Kreuznach S. 99, 103, 105, 157, David Haase S. 55, 167, 181, Harald Hartusch S. 37, Hunsrück Lama - Julia J. Buss S. 203, Professor Kurt Johnen S. 61, Ursula Kallinowsky S. 173, Dominik Ketz S. 33, 43, 47, 49, 177, Gerhard Kind S. 193, Künstlerbahnhof Ebernburg e.V., S. 155, Norbert Krupp S. 117, Kunst- und Kulturwerkstatt Bad Kreuznach e.V. S. 67, Walter P. Lhotzky S. 11, 137, Andreas Ludwig S. 135, Matthias Luhn S. 29, 35, 93, 169, 175, Evangelische Matthäusgemeinde Bad Kreuznach S. 57, Gernot Meyer-Grönhof S. 159, Isabel Mittler S. 191, 199, 205, Museum Römerhalle, S. 15, Naheland Touristik GmbH S. 147, 183, Nahetheater, Petra Theißen S.129, Museum Schlosspark S. 143, PK Parkhotel Kurhaus, S.133, Josef Nürnberg S. 195, Sigune von Osten S. 139, Pinkiwi GmbH S. 31, Hansjörg Rehbein S. 179, Klaus Schmelzeisen S. 17, 21, 41, Schneider Optik/NASA S.63, Julia Schneiders, S. 141, Stadt Bad Kreuznach, Frau Schultze S. 171, Stadt Bad Kreuznach, Dirk Basmer S.197, Sternwarte Bad Kreuznach e.V. S. 189, Michael Vesper S. 19, 25, 27, 59, 73, 77, 81, 85, 87, 97, 101, 115, 119, 121, 123, 125, 127, 145, 149, 151, 161, 163, 165, 185, 207, Beate Vogt-Gladigau S. 201, Dirk Waidner S. 13, 23, 69, 71, 89, 91, 95,153, Verkehrsverein Rheingrafenstein e.V. S. 109, 113, Viktoriastift Bad Kreuznach (Landeskrankenhaus), S.65, Weinland Nahe e.V. S. 111
Layout: Leinpfad Verlag
Druck: TZ Verlags- & Print-GmbH, Roßdorf

Leinpfad Verlag, Leinpfad 5, 55218 Ingelheim,
Tel. 06132/8369, Fax: 896951
E-Mail: info@leinpfadverlag.de
www.leinpfadverlag.com
ISBN 978-3-945782-61-3

Inhalt

Vorwort

Im vergangenen Herbst hat mir die Ingelheimer Verlegerin Angelika Schulz-Parthu ein interessantes Buchprojekt offeriert. 99 besondere Orte, eigentlich sogar „Orte zum Verlieben", wollte der Leinpfad Verlag vorstellen – und es sollte eine ganze Reihe zusammen mit Ingelheim, Alzey und Worms werden. Das mit der Reihe fand ich toll, da sollte – meinte ich – Bad Kreuznach dabei sein. „99 Orte, Leute, Ereignisse – kein Problem!" Wie man das so macht: erst zugesagt, dann nachgedacht.
Als ich dann die Liste zusammengestellt hatte, war mir bald klar, warum ein anderer sehr viel besserer Stadtkenner die Segel gestrichen hatte. Klar, Bad Kreuznach ist allemal liebens- und lebenswert Aber wo ist schon jede Ecke „zum Verlieben"? Und außerdem finde ich, allzu schön und allzu lieblich ist auch langweilig und sowieso unglaubwürdig. Und so bin ich dankbar dafür, dass der Titel und das Buch für Bad Kreuznach etwas aus der Reihe fallen.
Mit meiner völlig subjektiven Auswahl wollte ich etwas von der Eigenart und Vielfalt dieser Stadt mit ihrer langen, langen Geschichte spürbar machen. Auch war dem Verlag und mir selbst eine Mischung wichtig, die die Stadt nicht als großes Museum erscheinen lässt, sondern dazu einlädt, ihren Charme und ihre Lebendigkeit zu entdecken. Manche Themen lagen auf der Hand, bei anderen bin ich schlicht der eigenen Nasenspitze gefolgt.
Die einzelnen Texte sind deshalb auch eher Appetithappen, und einiges bleibt ungesagt. Allzu Bekanntes, manchmal sogar Wichtiges bleibt hin und wieder unerwähnt. Aber man kann mühelos erkennen, dass unser Bad Kreuznach eine Schatztruhe ist, in der man je mehr findet, je mehr man sucht. Meine Hoffnung ist nun, dass dies auch geneigte Leserinnen und Leser so sehen, und viele Lust bekommen, sich selbst ein Bild – oder ein neues Bild! – von dem zu machen, was ich anspreche. Noch größer als diese Hoffnung ist mein Wunsch, ungeduldige und unzufriedene Leserinnen und Leser zu finden, die sagen: „Das ist nicht genug, da muss manches anders dargestellt und überhaupt muss viel mehr gebracht, viel tiefer geschürft werden!" Ja, das wäre gut, denn dann würde die Entdeckungstour, vielleicht unter anderer Reiseleitung, weitergehen. Dem Verlag

sage ich herzlichen Dank für den Mut zu dem Projekt und der Möglichkeit zur Mitwirkung.

Michael Vesper
Bad Kreuznach im Juni 2020

1 Über diese Brücken musst du gehen

Die Alte Nahebrücke und ihre Brückenhäuser

Florenz hat seine Ponte Vecchio, Erfurt die berühmte Krämerbrücke - und Bad Kreuznach die Alte Nahebrücke.
Städte, die an Flüssen liegen gewinnen ein Mehr an Flair. Gleich zwei Flussläufe werden in Bad Kreuznach überbrückt: Der Hauptarm der Nahe und ein Nebenarm - der Mühlenteich, der für die Mahlwerke Wasserkraft lieferte. Die Alte Nahebrücke besteht also aus zwei Bauwerken. Als die Grafen von Sponheim ihre Neugründung der Doppelstadt beiderseits der Nahe anlegten, da schufen sie um 1300 auch eine steinerne Brücke über die Nahe. Acht Bögen verbanden die mächtigen Pfeiler, ein erstaunliches Stück Ingenieurkunst. Die Brücke verbindet bis heute die Stadtteile Alt- und Neustadt. - Häuser befanden sich damals noch nicht auf der Brücke. Die Brücke mit ihren Pfeilern war Teil der Stadtmauer als Wehranlage. Die Pfeiler waren hohl und dienten als Pulverkammern. Genau auf diese Pfeiler errichteten die Kreuznacher*innen - gegen das wiederholte Verbot der Obrigkeit - etwa ab 1500 Brückenhäuser, die die Pfeiler als Keller nutzten. Die Fachwerkhäuser wurden dabei mit Stützbalken abgestützt: den Knaggen. Die Gebäude widerstanden so gesichert auch Hochwassern. Einmal jedoch rissen die Fluten ein Brückenhaus weg, der Eigentümer - ein Apotheker - ertrank im Keller.
Nur bei zwei Brückenhäusern, aus den Jahren nach 1600, hat sich diese Bauweise erhalten. Die beiden trauf- und giebelständig angeordneten Gebäude bilden das eigentliche Wahrzeichen und sind ein unzählige Male reproduziertes Bildmotiv. Fast scheint es, als würde sich das eine dem anderen zuwenden, als würden die beiden miteinander plaudern. Eines der beiden Häuser hat eine Kugel in der Stirn: eine Kanonenkugel, die - so die örtliche Sage - bei der Eroberung der Stadt durch die Schweden ihren Weg in die Fassade fand, also 1632.
Krieg hat der Brücke auch später übel mitgespielt: Im März 1945 sprengten deutsche Soldaten die Brücke über den Hauptarm der Nahe. Aufgebaut wurde dieser Teil nicht wieder als Bogenbrücke (1955), sondern als Spannbetonkonstruktion, die nun wegen Baufälligkeit mit einem Pfeiler unterfangen werden musste.

Mannheimer Straße 92-94 55545 Bad Kreuznach
www.bad-kreuznach-tourist.de
ÖPNV: Linie 201, 204, Haltestelle Stadtwerke

2 Gestern noch auf hohen Rossen: Schloss, Ruine, Gastronomie: Die Kauzenburg

Der Aufstieg zur Kauzenburg lohnt allein schon wegen der Aussicht. Oben angekommen blickt man von einer Aussichtskanzel bis weit hinüber nach Rheinhessen. Für den Spaziergang von der historischen Neustadt nach oben wählt man am besten den Panoramaweg, den man über die Alte Nahebrücke erreicht. 50 Höhenmeter sind zu überwinden. Von der Burg, die seit 1206 hier auf einem Felssporn thronte, sind nur einige Mauern übriggeblieben. Als die Truppen des Sonnenkönigs Ludwigs XIV. 1688 erfolglos versuchten, das Gebiet westlich des Rheins zu erobern, sprengten sie die Burg. Kein Stein blieb auf dem anderen - und viele fanden den Weg in die Hausbauten der Bürger*innen. - Das war das Ende einer gewaltigen Festungsanlage mit großen Bastionen. Mancher Belagerung hat sie widerstanden. Im 30-jährigen Krieg soll der Schwedenkönig 1632 vor den Bastionen knapp der Todeskugel entgangen sein. Wann die Burg gebaut wurde, wissen wir genau, denn der Stauferkönig Philipp verbot im Jahr 1206 dem Grafen von Sponheim deren Errichtung, was dieser jedoch ignorierte. Aus der Burg wurde ein Schloss und aus diesem eine Festung. Ein ganzes Stadtgebiet bis zum Zusammenfluss von Ellerbach und Nahe bildete den Burgbereich - den man „Burgfrieden" nannte. Das Quartier der Burgherren schirmte sich mit Mauern gegen die Bürgerschaft ab. Ein großes Stück der Burgmauer ist noch im Schlosspark zu sehen. - Neues Leben kam in die Ruine, als sie vom französischen Beamten Andreas von Recum (1765-1828) in einen Landschaftspark eingebunden wurde. Von Recum, seit 1802 Eigentümer des Schlossparks, stellte auch den überlebensgroßen Löwen auf, der die Gäste heute begrüßt. Er stammt aber von der Burg Dhaun. Später entwickelte sich hier ein beliebtes Gastronomiekonzept: Bis vor Kurzem wurden im gut erhaltenen und ausgebauten Gewölbekeller zünftige Rittermahle abgehalten. Der Weinhändler Pieroth veranlasste bis 1976 den Neubau durch den bekannten Architekten Gottfried Böhm. Egal, ob man die Architektur mag oder nicht - die Aussicht ist auf jeden Fall grandios und so ist die Burg ein Lieblingsplatz für das Silvesterfeuerwerk.

Auf dem Kauzenberg 3, 55545 Bad Kreuznach
www.bad-kreuznach-tourist.de
ÖPNV: Linie 203, 204, 205, Haltestelle Stadtwerke (von dort zu Fuß durch die Mühlenstraße zur Alten Nahebrücke)

3

Luxus auf dem Lande – das Rätsel der Palastvilla

Das Museum Römerhalle

Ein bis heute ungelöstes Rätsel rankt sich um einen sensationellen Fund im Bereich des heutigen Schlossparks. Dort fand man zum Ende des 19. Jahrhunderts bei Straßenarbeiten ein 58 Quadratmeter großes Mosaik: Es zeigt Gladiatorenkämpfe und grausige Zirkusspiele, Tierhetzen, also die blutigen Spektakel, die im ganzen Römischen Reich als Spitzenunterhaltung galten. 1969 rückten wieder die Bagger an und förderten ein noch größeres figuren- und motivreiches Mosaik mit 68 Quadratmetern zutage, das den Meeresgott Oceanus und Handel, Wandel sowie die Tierwelt der Gewässer farbenfroh abbildet. Nun endlich stellte man sich die Frage nach der umfassenden Bedeutung der Funde: Das Land organisierte eine Grabung und förderte die Grundrisse einer gewaltigen römischen Villenanlage mit einer Nutzfläche von 5750 Quadratmetern zutage. Nicht eines der vielen Landgüter zur Versorgung der Truppen am Rhein war das, nein, eine veritable Palastvilla mit Säulenumgang, mehrgeschossig in den Hang gebaut, sodass sie von der Römerstraße, die durch Kreuznach führte, weithin zu sehen war. Und das ist das Rätsel: Wer lebte denn hier? Wer baute diese Villa nahe dem Vicus, den vielleicht schon die Römer cruciniacum nannten? Die Ausstellung, die heute im Museum Römerhalle um die prächtigen Mosaikböden gestaltet ist, führt anschaulich den Luxus und hohen zivilisatorischen Standard der Römerzeit vor Augen. In Kreuznach gab es eine keltisch-römische Siedlung, in der Soldaten, Handwerker, Händler und Bauern lebten – doch die Peristylvilla war in solitärer Lage weithin sichtbar. Fußbodenheizung, Wasserleitung, Abwasserleitung, Brunnen – alle möglichen Errungenschaften der römischen Kultur sind hier anschaulich zu besichtigen. Glaskunst, Göttersteine, Grabsteine erzählen Geschichten, Schicksale werden nachvollziehbar. Weltruhm erlangte ein Grabstein, der einen kruden antichristlichen Theorie aus der Antike folgend, den Vater von Jesus Christus, einen Soldaten aus Sidon, zeigen soll. Der Besuch im Museum Römerhalle ist ein Spaß für die ganze Familie, denn natürlich gibt es für Kinder auch Angebote zum Spielen, Entdecken und Anfassen.

Museum Römerhalle, Hüffelsheimer Str. 11, 55545 Bad Kreuznach
www.museum-roemerhalle.de
ÖPNV: Linie 203, Haltestelle Schlosspark

MAXIMO ET V

4

Eines der ältesten Baugebiete der Stadt

Der Zwingel

Der Winkel zwischen dem Stadtgraben und der Mauer, die den Burgbezirk umgibt, nennt sich Zwingel. Ein guter Name: Eingezwängt sind hier die Häuser, die sich aneinanderpressen. Der Zwingel ist ein Teil der mittelalterlichen Festungsanlage. Er wurde zwischen zwei Mauerringen angelegt. Angreifer, die hier eindrangen, waren eingesperrt. Der Zwingel konnte dann geflutet werden. Das älteste Baugebiet der mittelalterlichen Stadt grenzt an die Mauer zur Burg und zum Rittergut Bangert. Hier war das Ende der Stadt, man lief vor eine Wand. Der Zwingel war so lange eine Sackgasse, bis die Stadt den heutigen Schloss-park erwarb und der Öffentlichkeit zugänglich machte. Hier befindet sich die älteste, weitgehend ursprünglich erhaltene Brücke der Stadt. Sie wurde 1277 erbaut und verband Burgbezirk und den Bereich, in dem Handwerker, Händler und Ackerbürger lebten. Von der Zwingelbrücke schaut man auf die Häuserzeilen, die sich beiderseits des Ellerbachs, der hier vom Schlosspark einströmt, verbotener Weise auf die Stadtmauer gesetzt haben.
Krumm, kalt und bucklig ist diese Altstadtgasse. Das erste Haus an der Stadtmauer ist das Kutscherhaus, hier wohnten die „Chauffeure" der Bewohner des Schlosses im 19. Jahrhundert. In den rund 300 Jahre alten Häusern des Zwingels sind nicht zuletzt die Keller interessant: Einer von ihnen beherbergt das Eiskellermuseum in einem ehemaligen Brauereigebäude. Ein anderer war in den Sechzigern Kreuznachs angesagter Beatschuppen. Im „Ellerbachkeller" wurde 1965 gar ein Weltrekord im „Dauerbeat" aufgestellt. Die Mischstruktur der Bebauung verrät, dass hier bis in das vergangene Jahrhundert Gewerbe-, Handwerks- und Wohnhäuser nebeneinanderstanden. Der Zwingel, jetzt ein stiller, verwunschener Winkel der Stadt, war früher ein lautes, quirliges Stadtviertel. Hier lebt und arbeitet der Maler Walter Brusius, sein Atelier lohnt einen Besuch. Das erste Haus der Gasse ist eine ganz besondere Adresse: Seit 107 Jahren ist das „Haus der Hüte" eine weit über Bad Kreuznach hinaus bekannte gute Adresse für stilbewusste Hut- und Mützenträger*innen.

Mannheimer Str. 60, 55543 Bad Kreuznach
www.bad-kreuznach-tourist.de
ÖPNV: Linie 203, Haltestelle Holzmarkt/Otto-Zimmer-Platz oder Haltestelle Stadtwerke; vom Bahnhof Bad Kreuznach 15 Gehminuten

9

5

Von der Brauerei zum Spielzeugfriedhof

Der Eiskeller im Kalten Loch

In der kleinen Gasse Kaltes Loch zwischen Mannheimer Straße und Schloßpark liegt das große Gebäude der ehemaligen Brauerei Tesch. Eigentlich wollte der heutige Eigentümer der alten Brauerei Tesch nur mal im Keller aufräumen. Er verrückte ein Regal und traute seinen Augen nicht: Er sah den Eingang in einen unbekannten Raum. Durch eine schmale Spalte betrat er eine Felsgrotte und fragte sich, was er da entdeckt hatte. Bald war das Geheimnis gelüftet: Acht Meter über dem Boden befinden sich ein Backsteingewölbe aus dem ortstypischen Sandstein und ein Einfüllschacht. Da hinein hat man vor 1900 im Winter Eis vom Ellerbach, der direkt am Haus vorbeifließt, oder von der Nahe hinabgeworfen. Da der Keller das ganze Jahr über konstant eine Temperatur von 9° C hält - selbst wenn er von Gästen überfüllt ist, wird es kaum wärmer. Das Eis stand der Braurerei so bis in den Sommer zur Kühlung zur Verfügung. Elektrischen Strom gab es ja in der Neustadt erst ab 1906 - und da standen auch noch nicht gleich überall Kühlaggregate. Es gab früher etliche dieser Keller und wer Eis zur Kühlung brauchte, konnte sich dort versorgen.
Also hatte man den Eiskeller der Brauerei Tesch gefunden. Doch das war nicht alles: Der Boden des Eiskellers war von einer 1,50 Meter hohen Schuttschicht bedeckt. Die legte ein Hobby-Archäologenteam um Steffen Kaul, Rolf Schaller und Ilse Kinder frei. Drei Monate wurde geschaufelt, ein kleine Terrakotta-Armee ausgegraben, Accessoires für Puppen-Küchen und ein voll funktionsfähige Männeken-Piss geborgen. Alles das war der Ausschuss einer Spielzeugfabrik, die 1883 in die Brauerei eingezogen war. Es war die Großhandlung der Familie Landgrebe - aus der auch die bekannte Schauspielerin Gudrun Landgrebe abstammt. Alles Unverkäufliche hatte man einfach oben in den Keller hineingekippt - und als der Boden hoch genug war, ein Regal vor das Eingangsloch gestellt.
Das war 2008. Seitdem hier alle Schätze gehoben sind, ist der Eiskeller als privates Spielzeug- und Brauermuseum und als Kuriosum der an Kuriosa reichen Neustadt zugänglich und findet immer wieder reges Interesse - vor allem im Hochsommer.

Zwingel 5 (ehemalige Brauerei Teschner), 55545 Bad Kreuznach
www.kreuznacheraltstadt.de
ÖPNV: Linie 203, 204, 205, 241 oder 251 Haltestelle Holzmarkt/ Otto-Zimmer Platz oder Stadtwerke

6

Das Stadtviertel am Ellerbach, ein Mauerblümchen

Klein-Venedig in Bad Kreuznach

Da bleibt der Flaneur erstaunt auf der Fußgängerbrücke auf dem Weg von der Nahe zum Eiermarkt stehen: Der Steg überwindet einen kleinen Flusslauf - den Ellerbach. Im Blickfeld liegt die Mündung des Ellerbachs in die Nahe. Hier beendet das Fließgewässer nach 27,2 Kilometern seinen Weg, der auf über 500 Metern Höhe im Soonwald begonnen hat. Bachaufwärts schaut man auf einen Gebäuderiegel, der den Blick verstellt. Hier befindet man sich an einer geschichtsträchtigen Stelle der Stadt. Denn die Häuserzeilen, deren pittoreske Rückseiten - meist schmuck renoviert und farbig angelegt - am Bach liegen, stehen beiderseits auf der alten Stadtmauer. Die östliche Seite war die Mauer des Burgbezirks. Der zog sich von der Kauzenburg bis zur Ellerbachmündung. Ein kleiner Turm - später mit barocker Haube versehen -, „die Peffermiehl", markiert noch heute den Punkt, an dem die langen Mauern des Burgfriedens zusammentrafen.
Auf der westlichen Seite lag die Stadtmauer, die die Bürgerschaft der Handwerker, Händler und Bauern umschloss. So profitierten beide Bezirke vom Ellerbach, der lange Zeit vor allem als Abwasserkanal insbesondere auch für die Gerber diente. Wollten die Bürger*innen in den Burgbezirk, mussten sie durch die Schlagpforte gehen. Die Stadtmauer, die um 1300 entstand, zu bebauen war verboten. Wenn man es trotzdem tat und Abrissverfügungen ignorierte, dann deshalb, weil diese innerstädtischen Mauern nicht mehr als Schutz gebraucht wurden und die Stadt um 1500 wegen des Bevölkerungszuwachses unter Raumnot litt. Daher wurde auch die Brücke bebaut, auf der der anfangs erwähnte Gebäuderiegel steht. Wer heute durch die Fußgängerzone spaziert, merkt gar nicht, dass er eine Brücke über den Ellerbach passiert, die beiderseits von Fachwerkbauten gesäumt ist. Dank der Stadtsanierung präsentiert sich das Viertel heute als schmuckes Mauerblümchen. Besonders schön ist die abendliche Stimmung, wenn im Bachbett Freilichtkino oder Theater aufgeführt wird. Vom Standort auf der Brücke erkennt man auch die Reste des alten Fischertors. Von dort aus gingen die Fischer zu ihren Kähnen im „Ellerbachhafen". Dieses Gewerbe starb vor etwa 50 Jahren aus.

Magister-Faust-Gasse 16 (Standort), 55545 Bad Kreuznach
www.bad-kreuznach-tourist.de
ÖPNV: Linie 203, 204, 205, 241 oder 251 Haltestelle: Holzmarkt/
Otto-Zimmer Platz oder Stadtwerke

7

Der Schöne im Dornröschenschlaf

Der Eiermarkt

Mitten in der historischen Neustadt liegt der harmonischste Platz der Stadt - der Eiermarkt. Er wird begrenzt von der St. Nikolauskirche und auf drei Seiten von Häuserfronten. Früher war der Eiermarkt der zentrale Platz des Wochenmarktes, den die Doppelstadt seit dem 13. Jahrhundert abhalten durfte. Kriege und Brände haben aber auch dem Eiermarkt zugesetzt. 1689 wurde ein Großteil zerstört und in barockem Fachwerk neu errichtet. Eine Rarität ist das Fachwerkhaus Eiermarkt Nummer 10 an der Michel-Mort-Gasse. Es stammt aus der Spätrenaissance, ruht auf toskanischen Säulen und hat als einziges einen geschweiften Giebel. Ein um 1630 von spanischen Besatzern erbautes Rathaus wurde 1849 ein Opfer der Flammen und durch einen klassizistischen Neubau ersetzt. So stammen die Gebäudereihen, die den Platz heute bilden, aus der Zeit zwischen 1700 und 1900. Das Michel-Mort-Denkmal zieht die Blicke auf sich. Michel soll der Metzgerzunft angehört haben. Deren Quartier grenzte an den Eiermarkt, damit die Bürger*innen frisch geschlachtetes Fleisch kaufen konnten. Man erreicht es durch die „Schar" - die kleinste Gasse der Stadt. Der Handel verteilte sich auf mehrere Märkte: den Eiermarkt, den Salzmarkt und den Holzmarkt. Lebenden Fisch aus einem kleinen Bach verkaufte man am Fischmarkt, an den eine Skulptur mit Fischkugel von Franz Eichenauer erinnert. Auf der anderen Seite des Platzes befand sich der Töpfermarkt, dem eine weitere Skulptur am Kirchenchor gewidmet ist. Sie zeigt einen Töpfer mit den Händen voller Ware, der von einem Hund attackiert wird. Ein Mönch schimpft über den Lärm.

Von Lärm kann man derzeit auf dem Platz selten reden. Allenfalls sind es spielende Kinder, die hier an Nachmittagen vom am Eiermarkt ansässigen örtlichen Kinderschutzbund betreut werden, die für kreative Unruhe sorgen. Seit 2019 trägt der Platz nun auch den Namen „Platz der Kinderrechte". Ansonsten ist er infolge der Abwanderung des Wochenmarktes zum Kornmarkt und der Verlagerung der Gastronomie in einen Dornröschenschlaf gesunken. Private Initiativen wie der Nikolausmarkt im Advent oder das Marktfrühstück versuchen immer wieder mal, ihn wach zu küssen.

Eiermarkt, 55545 Bad Kreuznach
www.bad-kreuznach-tourist.de
ÖPNV: Linie 203, 241, 242 Haltestelle Holzmarkt/Otto-Zimmer-Platz.

8

Bürgermeisterbüro im Adelspalais an der Römerstraße

Das Stadthaus

Bad Kreuznach verlässt sich auch heute noch auf Verkehrswege der Römerzeit. Denn die Hochstraße wird schon seit über 2000 Jahren als Verbindung nach Bingen genutzt, weil sie hochwassersicher ist. An dieser Straße siedelten sich in kurpfälzischer Zeit Adelshöfe an. Sie alle sind dem Straßenbau zum Opfer gefallen – mit einer Ausnahme: dem Stadthaus. 1819 zogen hier in der gerade erst preußisch gewordenen Stadt der Bürgermeister und der Landrat ein. An der Mauer ist noch heute die preußische Elle als Maßeinheit angebracht. Wer richtig Maß nehmen wollte, ging deshalb zum Stadthaus. Dorthin begaben sich am 19. Juni 1843 auch Karl Marx und Jenny von Westphalen und ließen vom Oberbürgermeister ihre Trauung beurkunden. Bis heute residiert die Stadtspitze in diesem Gebäude. Wer zur Oberbürgermeisterin will, muss in das zweigeschossige Gebäude mit der Barockfassade und dem mit Gauben gespickten Walmdach unter dem Stadtwappen hindurch gehen. Im Foyer begrüßt das Original der Michel-Mort-Gruppe die Gäste. Dass die Stadt sich 1819 für den Ankauf des Gebäudes entscheiden konnte, ist der tatkräftigen Adligen Henriette Amalie von Anhalt-Dessau (1720–1793) zu verdanken, die zwar in Frankfurt lebte, aber in Kreuznach eine ganze Reihe von Immobilien erwarb, darunter auch den 1715 erbauten Adelshof des kurpfälzischen Oberamtmanns Carl Philipp von Hundheim. Henriette Amalie stammte mütterlicherseits von den Oraniern ab und wollte offensichtlich in die Fußstapfen der Maria von Oranien treten, die hier im 17. Jahrhundert begütert war. Das Anwesen des Dessauer Hofes wurde verkleinert, weil seit 1906 eine neue Brücke über die Nahe als Verbindung zum Bahnhof in Betrieb genommen wurde. Benannt hat die Stadt sie nach Kaiser Wilhelm II. Die aus ortstypischem Porphyr erbaute Brücke hat drei Bögen und entlastet die Alte Nahebrücke. Sie fügt sich auch dank des Brückenturms perfekt in die Stadtsilhouette ein. Auf dem Fischerturm ist die kleinere Variante eines Fischerreliefs von Ludwig Cauer (1932) zu sehen. Das größere Original befindet sich in Koblenz.

Hochstraße 48, 55545 Bad Kreuznach
www.bad-kreuznach.de
ÖPNV: Linie 203, 241, 242, Haltestelle Stadthaus/VfL-Halle, Linie 204, Haltestelle Stadthaus

9 Wo sich einst die Mühlsteine drehten

Die Mehlwaage

Wie ein einsamer Zahn in einem ansonsten ausgeräumten Unterkiefer ragt die Giebelseite eines schmalen Gebäudes in die Luft, auf das die Mühlenstraße aus Richtung Wilhelmstraße stößt. Hier verengt sich die Straße und wird beiderseitig begrenzt von Häuserfronten aus dem 18. und 19. Jahrhundert.
Das erste Gebäude war einst die Mehlwaage. Es ist direkt an die alte Stadtmauer gebaut. Über ein massives Erdgeschoss wurde nach beiden Seiten überkragend ein Fachwerkstockwerk errichtet und darüber ein hohes Mansarddach mit Gauben gesetzt. Das Haus stammt aus der Zeit um 1750 und ist typisch für die Bauweise barocker Wohnhäuser. Die Uferstraße verlief einst bis zur Wilhelmstraße und begrenzte den Nebenarm der Nahe. Deshalb steht die Mehlwaage so wie ihre Nachbarhäuser auf den Resten der Ufermauer. Dieser Flussarm wurde verkürzt. Der Mühlenteich mündet heute gleich an der Mehlwaage in die Nahe, der Rest wurde trockengelegt. Ein seltsamer Bogen auf Bodenhöhe neben dem Gebäude erinnert an die alte Situation, denn hier führte ein Wassertor durch die Stadtmauer. Die Mehlwaage war früher von größter Bedeutung. Die Bürgerschaft musste ihr Korn in den Mühlen zu Mehl mahlen lassen. Der Stadtrat bestellte für diese Aufgabe eigens einen Mehlschreiber, der die Säcke zählte, und einen Mehlwieger, der sie wog. Das Mühlengebäude stand in unmittelbarer Nachbarschaft. An diesem Standort befanden sich seit dem 13. Jahrhundert Mühlen, zu denen das Getreide angefahren wurde. Der große Komplex der Thress'schen Mühle stammt aus dem frühen 19. Jahrhundert, wurde ab 1942/43 erweitert und bis 1978 betrieben. Heute befindet sich in der alten Mühle einerseits ein Jugend- und Kooperationszentrum, das viele zum Teil betreute Aktivitäten für Jugendliche bietet, und auch ein Zentrum der freien Jugendkultur mit Bistro, Bühne, Musik, Tanz und Theater ist. Andererseits hat die Stadt hier das „Haus der Senior*innen" etabliert, sodass hier ein wirklicher Treffpunkt der Generationen entstanden ist. Von der Mühlennutzung ist das Wehr geblieben, das Tag und Nacht als Grundrauschen zu hören ist. Es erlaubt Stromerzeugung durch Wasserkraft.

Mühlenstraße 21, 55543 Bad Kreuznach
www.mehlwaage-kh.de, www.die-muehle.net
ÖPNV: Linie 203, 204, Haltestelle Stadtwerke. 10 Gehminuten vom Bahnhof Bad Kreuznach

10

Das „Palasthotel“ auf der Nahe-Insel

Das Parkhotel Kurhaus

Von oben sieht es aus wie ein Palast im Wald. So dicht stehen die mächtigen Platanen des Kurparks an dem großen Hotelbau. Nähert man sich dem Kurpark von der Badeallee aus, blickt man auf die Schauseite des am 1. Juli 1913 eröffneten Prunkbaus. Der erste Blick fällt auf den mit ionischen Säulen versehenen Mittelbau, der zweite auf den Bauschmuck: Figuren (Karyatiden) scheinen das Gesims zu tragen, zahlreiche goldfarbene Kugeln zieren die Dachlandschaft. Heute sind die Arkaden im Erdgeschoss geschlossen, früher lagen sie offen. Die Vierflügelanlage des Münchner Architekten Emanuel von Seidl (1856–1919) mit Innenhof knüpfte an die barocke Architektur der Würzburger Residenz an und bediente sich freimütig an der Baustilgeschichte seit der Antike. Die Wahl des Stararchitekten und Großvillenbauers zeigt, welchen Geltungsanspruch die Stadt als Kurort entwickelte. Hintergrund war der große Boom und internationale Zulauf, den Kreuznach durch die Einführung der Radontherapie erlebte. So entstand an Stelle eines sehr eleganten Kurhauses aus dem Jahr 1843 ein sehr viel größerer, Eindruck heischender Bau. Mit 120 Zimmern, nahezu 200 Betten und 10.000 Quadratmetern Nutzfläche ist das Kurhaus das größte Hotel der Stadt und ihr größtes Einzeldenkmal. Seit 1979 ist das Hotel durch einen Bademantelgang mit dem Thermalbad verbunden, das die Gäste nutzen können. Wirtschaftlich äußerst wichtig sind die Tagungen: Elf Tageslicht-Konferenzräume haben eine Kapazität von 650 Personen. Das Herzstück ist der Ovale Saal, in dem unter anderem Adenauer und de Gaulle sowie Kohl und Mitterrand zusammentrafen. Immer wieder war das Haus Ort internationaler Begegnungen. Die Geschichte des Hotels ist aber auch von der Tragik des Krieges überschattet. Ab 1917 nutzte es die Reichswehr für die Heeresleitung, bis 1930 zog französisches Militär ein, 1945 bis 1955 war es wieder konfisziert. Auch wirtschaftlich hatte die Stadt mit dem anspruchsvollen Betrieb der Immobilie wenig Erfolg. Renovierung folgte auf Renovierung. Seit 1996 ist das Hotel verpachtet und wird jetzt von einer estländischen Firma betrieben.

Kurhausstr. 28, 55543 Bad Kreuznach
www.parkhotelkurhaus.com
ÖPNV: Linie 201, Haltestelle Kreisverwaltung/Badeallee

TEL KURHAUS

11

Gestern Salzquelle, heute Weinbrunnen

Die Elisabethquelle im Kurpark

Wer die schönsten Fotomotive eines Ortes sucht, fragt am besten Brautpaare oder deren Fotograf*innen. In Bad Kreuznach wird dann mit Sicherheit die Elisabethquelle im Kurpark genannt. Die Elisabethquelle ist die Trinkhalle, die 1832 über der ersten Salzquelle auf dem Stadtgebiet errichtet wurde. Ihr heutiges Aussehen geht auf einen Umbau um 1880 zurück. Da die Quellen im Salinental nicht der Stadt gehörten, musste man das Salzwasser für die Kuren dort teuer einkaufen. Es war ein Privatmann, Andreas Wilhelmi, der den Mut hatte, nach Sole zu bohren. Dass es hier überhaupt eine Quelle gibt, erklärt sich aus der Besonderheit der Geologie. Das Nahebett ist eine sogenannte Bruchzone. Man sieht auf dem anderen Ufer, wie die Rhyolithformation durch Sandstein abgelöst wird. Mit natürlichem Auftrieb dringt Mineralwasser aus mehr als 100 Metern Tiefe an die Oberfläche. Die Elisabethquelle diente bis 1995 der Trinkkur. Benannt ist sie nach der Frau des Preußenkönigs Friedrich Wilhelm IV., Elisabeth Ludovica von Bayern (1801-1873). Eine Huldigung Kreuznachs an das Herrscherhaus. Der Raum wird von sieben Seiten eines Zehnecks gebildet und war einst zum Park hin offen. Im Untergeschoss befand sich die „Trinkgrotte“ mit der Skulptur der Brunnennymphe. „Solemamsells“ schenkten das Heilwasser aus. Mit dem Becher in der Hand flanierten die Gäste durch den Kurpark. Der Bromgehalt der Quelle und die Hochwasserkatastrophen 1993 und 1995 machten dieser Nutzung ein Ende. Durch die neuen Hochwasserbauten ist die Elisabethquelle, die einst direkt an der Nahe stand, heute durch ein vorgelagertes Bollwerk geschützt. Es steht genau dort, wo sich der Mühlenteich von der Nahe trennt und dient als Aussichtsplattform – auch für die Brautpaare, die diesen besonderen Augenblick ihres Lebens gerne vor der prächtigen Landschaftskulisse in Bilder bannen. Der Wasserbecher ist dabei dem Weinglas gewichen. Die Elisabethquelle ist heute ein idyllischer Gastronomiebetrieb. Ganzjährig kann man hier bei Ana aus Kuba Nahewein und pikante Speisen genießen, dem Tosen des Nahewehrs lauschen und die Blicke im Kurpark schweifen lassen.

Kaiser-Wilhelm-Straße (Kurpark), 55543 Bad Kreuznach
www.weinlokal-elisabethenquelle.de
ÖPNV: Linie 201, Haltestelle Oranienpark

12

Die Wiege des Heilbads
Die Karlshalle

Seit 300 Jahren werden die Salzquellen im Salinental erschlossen. Dass es sie gab, wusste man schon lange, treten die salzhaltigen Mineralwässer aus der Tiefe doch auch ohne menschliches Zutun an vielen Stellen im Flussbett der Nahe aus. Doch um 1730 entschlossen sich Frankfurter Kaufleute, Bartels und Ruprecht, in die Salzgewinnung zu investieren. Das war damals ein einträgliches Geschäft, verteuerten doch Transport und Zölle das Nahrungsmittel Salz, das auch für Konservierung und Gerberei benötigt wurde, ganz erheblich. So entstand die Karlshalle. Dazu musste man zunächst nur 21 Meter tief bohren, später wurde das Bohrloch vertieft. Halle ist der deutsche Begriff für Saline – und das ist ganz allgemein jede Anlage zur Salzherstellung. Die Frankfurter Kaufleute benannten die Saline nach dem pfälzischen Kurfürsten Karl-Ludwig, weil der das Privileg vergab.
Das unscheinbare, quadratische Gebäude der Quelle Karlshalle vor der Salinenbrücke markiert den Standort der allerersten Quelle des Salinentals. Aus der Quelle kommt das Salzwasser, mit unterirdischen Leitungen gelangt es zu den Gradierwerken. Auf die Krone der Gradierwerke wird das Wasser mit der Kraft der Wasserräder gepumpt, die wiederum durch von der Nahe abgezweigte Kanäle (Triebwerkgräben) in Bewegung gesetzt werden. Direkt neben der Karlshalle steht ein Schuppen. Darin befindet sich eine historische Turbine, die ab ca. 1900 die Arbeit der Wasserräder ersetzte. Unterquert man die Salinenbrücke, sieht man zur Linken die alten Gebäude der Salinenverwaltung und zur Rechten ein Gradierwerk. Man kann es bei Veranstaltungen der Tourist-Info auf der Krone begehen. Der Blick von oben zeigt das Gesamtsystem der Saline. Zehn große Gradierwerke standen einst im Salinental, der Rückbau hat sechs der großen Dornwände übriggelassen. Die Siederei mit den Arbeiterwohnungen im Salinenviertel befand sich auf der anderen Seite der B 48. Seit 1998 ist die Salzgewinnung aufgegeben worden. Doch weiterhin trägt der Wind die Salzpartikel von den Dornwänden der Gradierwerke in die Umgebung und verbreitet eine frische Meeresbrise.

Karlshalle, 55543 Bad Kreuznach
www.bad-kreuznach-tourist.de
ÖPNV: Linie 201, Haltestelle Karlshalle

13

Ein Palast für die Heilquellen

Kurmittelhaus und Saline Bad Münster am Stein

Kaskadenförmig steigen Blasen aus der Tiefe zur gewölbten Decke auf, sie sind groß wie Murmeln, Billardkugeln oder Tennisbälle - oben angekommen scheinen sie sich aufzulösen. Das Glaskunstwerk des Malers Borris Götz aus dem Jahr 1975 täuscht raffiniert das Auge, scheinen doch die luziden Kugeln tatsächlich zu schweben. Der Künstler, der seit 1972 bis zu seinem Tod 1998 in Bad Münster am Stein lebte, hat den genius loci getroffen. Denn das Kunstwerk befindet sich in der Brunnenhalle, die 1911 errichtet wurde. Sie ist Teil des etwas spröde Kurmittelhaus benannten Gebäudekomplexes. Gestaltet ist er nach Plänen des Freiburger Architekten Robert Mühlbach. Dieses Kurhaus ist die opulenteste Fassung einer Salzquelle, die man sich denken kann. Die Melange aus Jugendstil, Fachwerk und barocken Formen mit geschwungenen Linien, einer kunstvollen Dachlandschaft und einer imposanten Fensterfront, die die Halle in Licht flutet, macht das Bauwerk zu einem Juwel der Bäderarchitektur. Im Untergeschoss zeigen Glaszylinder die drei aufsteigenden Quellwässer an, die hier zu einer Quelle - der Rheingrafenquelle - vereint werden. Boden und Wände des Quellraums sind als Mosaik im Stil des Art déco in changierenden Blau- und Grüntönen mit unzähligen goldenen Einsprengseln ausgeschmückt. Hier konnten die Gäste bis 2014 Bäder mit Sole und Radon genießen. Nur hier ist es noch möglich, das wohltuende Mineralwasser, das unaufhörlich aus einem Hahn läuft, selbst zu probieren. Die Quelle speist bis heute ein Gradierwerk. Bad Münster am Stein verweist stolz darauf, dass ein Badebetrieb schon um 1490 nachweisbar ist. Gleichzeitig mit der Saline in Kreuznach begann auch hier im 18. Jahrhundert die systematische Salzgewinnung mit Gradierwerken. Diese Saline wurde 1945 zerstört. Wasserräder und ein Soleturm sind Relikte der großen Salinenanlage. Eine Ausstellung in der Brunnenhalle erzählt von der Geschichte der Salzgewinnung und des Badebetriebs mit den Heilmitteln Sole und Radon. Das Kurmittelhaus ist das Herzstück des Kurparks. Ein Café lädt in der Halle oder auf der Terrasse mit Blick auf die Nahe zum Verweilen ein.

Salinenhof 2, 55583 Bad Kreuznach (Stadtteil Bad Münster am Stein-Ebernburg), www.bad-muenster-am-stein.de
ÖPNV: 10 Gehminuten entfernt vom Bahnhof Bad Münster am Stein, Linie 201, 221, Haltestelle Bad Münster am Stein Mitte

14

Mit der Fähre zur Burg: Das Felsennest hoch oben

Die Burgruine Rheingrafenstein

Man muss einfach die Fähre nehmen! Von ihrem Ableger hinterm Kurmittelhaus am Kurpark in Bad Münster am Stein schaut man auf die andere Seite der Nahe und blickt auf einen markanten Felsdorn. Oben befinden sich die Reste der Burg, die an dem Felsen kleben wie Schwalbennester und fast unsichtbar sind. Wer dorthin will, setzt mit der Fähre über; sie wird mit der Hand gezogen. Die Fähre verkehrt übrigens seit fast 300 Jahren zwischen den Ufern. Die Zeit, in der man übersetzt, gibt Gelegenheit, die Stille und romantische Stimmung dieses Ortes aufzunehmen. So gelangt man ins Huttental. Ein Märchenhain erinnert an die Kinderfreuden des vergangenen Jahrhunderts. Hier gibt es noch heute regelmäßig Puppen- und Erzähltheater. Zur Burg geht es hinauf auf einer Treppe, die sich in Serpentinen um den Felsen windet. Auf dem Weg nach oben entdeckt das kundige Auge Aufschlüsse in dem Berg, kleine Stollen und Spuren von Grabungen. Das sind Überreste des Quecksilber- und Kupferbergbaus, der hier einst betrieben wurde. In 245 Metern Höhe, auf einem Felsdorn, der 135 Meter aufragt, liegen die wenigen Reste der Ruine Rheingrafenstein. Sie war einst die Stammburg der Rheingrafen. Schon um 1100 soll hier von einem Herrn von Stein eine Burg erbaut worden sein. Die Familie stieg zu den Herren des Rheingaus auf und nannte sich von da an „Rheingrafen". Im Krieg mit dem Mainzer Erzbischof verloren sie 1279 den Rheingau, behielten aber den Namen - und diese Burg. Bis zum Ende des 18. Jahrhunderts war sie Teil einer kleinen Grafschaft. Der letzte Vertreter, Graf Magnus, endete im betrügerischen Bankrott und verlor seine Güter, die seine Erben - die Fürsten von Salm-Salm - später zurückkauften. Sie sind bis heute die Eigentümer der Ruine. Die Burg wurde im 30-jährigen Krieg mehrfach erobert und 1689 durch die Truppen des Sonnenkönigs Ludwigs XIV. zerstört. Von der Burg erhalten sind Teile der Mauerrings, Treppen zum Wohnturm und die Grundmauern des Treppenturms. Auf einer Aussichtsplattform genießt man den Ausblick in das Nahetal und auf den Ort Bad Münster am Stein-Ebernburg. Ein Panorama, das erstaunt und bezaubert.

Kapitän-Lorenz-Ufer, Stadtteil Bad Münster am Stein-Ebernburg
www.hajos-faehre.de, www.bad-kreuznach-tourist.de
ÖPNV: Linie 201, Bad Münster am Stein Mitte

15

Immer neu erstanden aus Ruinen

Die Ebernburg

Wer mit Bus, Bahn oder PKW von Bad Kreuznach aus in den Stadtteil Bad Münster am Stein-Ebernburg fährt, sieht vor sich auf einem Hügel die Ebernburg thronen. Weithin beherrscht sie Ort und Landschaft. Oben angekommen blickt man auf die Rotenfelssteilwand, auf das Dorf Ebernburg, den Rheingrafenstein und bis zur Altenbaumburg. – Die Ebernburg war wohl schon mehr als 200 Jahre alt, als sie in den Besitz der Familie von Sickingen gelangte, in dem sie bis zu deren Aussterben 1768 verblieb. Der Name könnte von „Eibenburg" abgeleitet sein. Der berühmteste Name aus dem Familienverband der von Sickingen, der Ritterführer Franz von Sickingen, machte die Burg in der Zeit der Reformation weltbekannt, gewährte frühen Anhängern der Reformation Schutz und führte – erfolglos – gegen geistliche und weltliche Fürsten Krieg. Er bezahlte das mit seinem Leben. Die Burg wurde zerstört, wiederaufgebaut, zur Festung ausgebaut, wiederholt belagert und eingenommen und schließlich 1698 gesprengt. – Die Geschichte der Burg nahm einen neuen Anfang, als ein Gastronom sie im 19. Jahrhundert übernahm und neue Gebäude errichtete. 1914 erwarb die evangelische Stiftung Ebernburg das Anwesen, um das Andenken an die Frühzeit der Reformation zu pflegen. Doch zum dritten Mal wurde die Burg zerstört – diesmal 1944/45 durch Bomben. Und wieder hat man sie aufgebaut. Heute ist es ein christliches Hotel für Familienferien und Bildungsarbeit. Auch Gäste sind immer willkommen. Eine kleine Ausstellung erläutert die Historie. Die Burg ist idealer Ausgangspunkt für Wanderungen, denn hier verknüpfen sich gut ausgeschilderte Wanderwege. – Von der mittelalterlichen Burg erhalten ist die mächtige Schildmauer, an die sich das Tor anschließt, zu dem man über eine Brücke gelangt. Im Hof befindet sich ein 56 Meter tiefer Brunnen, der auch bei Belagerungen die Wasserversorgung sicherstellte. Wappenschmuck aus Stein erinnert an die Adelsfamilien, die einst hier residierten. Das heutige Gebäudeensemble ist eher der historischen neogotischen Bauweise des 19. Jahrhunderts verpflichtet, aber die ist ja auch mittlerweile anheimelnd altertümlich.

Ebernburg, 55583 Bad Kreuznach (Stadtteil Bad Münster am Stein-Ebernburg), www.bad-kreuznach-tourist.de
ÖPNV: Linie 201, Haltestelle Bahnhof Ebernburg, Aufstieg über Treppenanlage

16

Die Lust auf Frisches aus der Region

Der Wochenmarkt

Der Kornmarkt diente als größter Platz der Innenstadt lange dem Handel mit Waren, die größeren Raum in Anspruch nahmen. Dem ehemaligen Viehmarkt verdankt die angrenzende Roßstraße ihren Namen. Der Detailhandel war bis etwa 1900 am Eiermarkt in der historischen Neustadt angesiedelt, aber wegen des größeren Platzbedarfs sprang das Markttreiben über die Nahe. Dienstag und Freitag sind als Markttage im Kreuznacher Wochenrhythmus fest eingebucht. 50 Beschicker*innen verkaufen hier Obst und Gemüse, Eier und Käse, frischen Schafskäse, Fleisch von Rind, Schwein, Geflügel, Lamm, Pferd oder Wild, Gewürze, Salze und Kräuter, eingelegte Oliven, Fisch, Gewürzgurken und Sauerkraut, geräucherte Forellen, Backwaren, Honig, Öle, Milchprodukte, Blumen, Zierpflanzen und besondere Spezialitäten wie Pferdebalsam. Die Menschen lieben die Möglichkeit, sich im persönlichen Kontakt mit den Erzeuger*innen mit Lebensmitteln zu versorgen, lassen sich von Farben und Düften durch die Gänge der Marktstände locken. Bei Daniels Hühnerhof weiß man ebenso um die artgerechte Haltung der Hühner, wie man sicher sein können, dass man Honig bester Güte und Öl aus eigener Pressung bekommt und die Bienenvölker in der Region wertvolle Dienste als Bestäuber leisten. Saisonale Erzeugnisse – wie etwa Spargel – sind ebenso gefragt wie die immer stärker vertretenen Bioprodukte. Nicht zuletzt ist der Markt ein Ort der Begegnung. Über Generationen wachsen Kundenbeziehungen. Da ist die Obsthändlerin, die seit 50 Jahren dazu gehört und das Feinkostkräutlein hat schon sein 25-jähriges Jubiläum gefeiert. Da gibt es dann auch Koch-Shows mit Ex-Fernsehkoch Franz-Xaver Bürkle, der zum Beispiel Spezialitäten von gebratenem Fetakäse in Zucchini-Sesam-Olivenkruste live zubereitet und schon gleich mal das Rezept verteilt. Auch der Einzelhandel vor Ort profitiert von der Beliebtheit des Marktes: Das größte Warenhaus hat herausgefunden, dass der Freitag am Bad Kreuznacher Standort im Vergleich der Filialen als Einkaufstag am besten abschneidet.

Kornmarkt, 55543 Bad Kreuznach
www.kornmarkt-ev.de
ÖPNV: Linie 203, 204, 241, Haltestelle Stadtwerke;
Linie 201, 209, 222 Haltestelle Salinenplatz

17

Badefreuden im Gesundbrunnen

Die crucenia thermen

Das Bild der Jungbrunnen von Lucas Cranach d. Ä. zeigt gebrechliche Frauen in hohem Alter, die sich in ein Wasserbecken schleppen, um es verjüngt und gesundet tanzend zu verlassen. Besser kann man die Verheißung gesundheitsspendender Kuren, die sich seit der Antike mit der Badekultur verbindet, nicht visualisieren. In dieser Tradition stehen die crucenia thermen und auch wenn sie keine Wunder wirken können, ist doch der Nutzen für das Wohlbefinden unbestritten. Das Heilwasser, das in drei Pools geleitet wird, kommt aus einem Mineralbrunnen, der 500 Meter tief im Salinental erschlossen wurde. Die wesentlichen Bestandteile sind Natrium-Chlorid, Jod und Fluor. Anteile des Wassers, die die Badefreude im wahrsten Sinne des Wortes trüben – wie Mangan und Eisen – werden herausgefiltert. So wird das Thermalwasser höchsten Anforderungen gerecht und kann sogar fürs Babyschwimmen eingesetzt werden. Es steht beispielhaft für den Wandel vom Therapie- zum Familienbad. Daher gibt es nun auch ein großes Süßwasserbecken, in dem man sportlich seine Kreise ziehen kann. 33° C warmes Wasser verführt dazu, sich treiben zu lassen und sich einen Platz an den Massagedüsen zu sichern. Nach dem Baden geht es dann auf die Sonnenterrasse, wo der Liegestuhl wartet. Das ist Entspannung pur, die noch dazu begünstigt wird durch die Einbettung in die romantische Flusslandschaft des Nahetals. Da sieht man vom Außenpool aus schon mal auf der anderen Seite des Flusses die Rehe vom Kauzenberg zum Ufer herabsteigen.

Doch wer da einfach nur vor sich hindümpelt, verpasst die Chance, den starken Auftrieb des Salzwassers für Aktivität zu nutzen. In der Sole wirkt der Körper leichter, auch mit Handicaps. Zum Beispiel kann man bei Problemen mit den Gelenken, auf diese Art ein Bewegungstraining absolvieren – unter Anleitung, mal mit mal ohne Musik. Tägliche Kurse und im Gesundheitszentrum buchbare Einzel- und Gruppengymnastik bieten hierfür die besten Möglichkeiten. Die körperliche Belastung und der Trainingsreiz im Salzwasser beleben den Kreislauf und üben eine vitalisierende Wirkung aus.

An der Sache mit dem Jungbrunnen ist doch schon etwas dran.

Kurhausstraße 26, 55543 Bad Kreuznach
www.crucenia-thermen.de
ÖPNV: Linie 203, Haltestelle Kreisverwaltung Badeallee

18

Vom Bäderpalast zum Wellnesstempel

Das Bäderhaus

Im Herzen des Kurgebietes steht eine Gebäudefassade, die mit ihrer mächtigen Säulenvorhalle an einen Tempel erinnert und antike Kultur zitiert – genauer: Badekultur. Diese wird heute neudeutsch als Wellness zelebriert. Nicht dem Namen, aber der Sache nach, gönnten sich das schon die alten Römer und wirklich hat man an anderer Stelle der Stadt eine römische Therme ausgegraben. Das Bäderhaus der Gegenwart bildet auf 4000 Quadratmetern Fläche historische und kulturelle Spielarten des Saunierens ab. Da gibt es römische Dampfbäder, finnische Trockensaunen, das türkische Hamam mit der Seifenmassage, die Blütensauna, die Tiroler Alpensauna und das Brechelbad. Mal mit, mal ohne Aufguss, mal mit mäßiger Temperatur oder bei 90 Grad Celsius mit Aufguss für Hartgesottene, für jeden Geschmack ist in einer der zwölf Saunen das Richtige dabei. Vor allem um Stilechtheit, um authentisches Saunieren sind die Betreiber der städtischen Bad GmbH bemüht. Eine Besonderheit irritiert manche. Weil es um die authentische Saunakultur geht, ist Kleidung in den Dampfbädern und finnischen Saunen verpönt. Die Wohlfühloase verfügt zudem über mehrere Pools, einen mit Salzwasser, einen auf dem Dach, über einen Dachgarten, ein Restaurant und Räume für Massagen und Kosmetik. Seit dem Jahr 2000 zieht das Bäderhaus aus nah und fern Freund*innen der Saunakultur an. Ursprünglich war der opulente Bau, wie der Name sagt, als Kurzentrum geplant und wurde von 1912 bis 1998 auch so genutzt. Patient*innen inhalierten Radon, badeten in Sole, wateten in Kneipp-Becken, genossen Massagen oder trieben Wassergymnastik. Doch die Veränderungen des Gesundheitsmarktes haben der Kur und Hochwasser hat dem Gebäude übel mitgespielt. Und so stand vor dem Jahr 2000 eine Nutzungsänderung auf dem Programm: das denkmalgeschützte Gebäude wurde komplett unter Wahrung der Bausubstanz umgebaut. Die Kur erhielt an der Nahe ein neues Domizil. Auch dieses erneuerte Bäderhaus dient der Gesundheit. Wer sein Immunsystem fit halten und dem Körper helfen will, sich auf hohe Temperaturen einzustellen, ist hier richtig.

Kurhausstr. 23, 55543 Bad Kreuznach
www.baederhaus.de
ÖPNV: Linie 201, Haltestelle Badeallee/Kreisverwaltung

BÄDERHAUS

19

Frischzellenkur für das Heilbad

Das Crucenia Gesundheitszentrum

Das waren noch Zeiten, als man unter Kur verstand, mit einem Salzwasserbecher in der Hand durch die Kurparks zu flanieren und die Wartezeit auf die „entschlackende" Wirkung mit umfangreichen geselligen Aktivitäten zu überbrücken! Viele Menschen genossen zwischen 1960 und 1990 die Vorsorgekuren, aber diese Zeit ist vorbei. Doch ist die Kur tot? Nein, sie ist anders. Neu interpretiert wird sie etwa in dem 2002 eingeweihten Crucenia Gesundheitszentrum, das aus gutem Grund direkt mit dem Thermalbad verbunden ist. Die sogenannten ortsgebundenen Kurmittel stehen im Zentrum der Geschichte der Heilbäder, sie sind ein Geschenk der Natur, das für die Gesundheit genutzt wird. Sanfte Medizin! In Bad Kreuznach sind dies seit mehr als 200 Jahren die mineralreichen Thermalquellen des Salinentales. Sie fördern aus 500 Metern Tiefe das Mineralwasser, dessen Salzgehalt sich einem Urmeer verdankt, das vor 32 Millionen Jahren das gesamte Mainzer Becken flutete und sich bis nach Kreuznach erstreckte. Mit einem umfassenden therapeutischen Konzept und unter Einsatz der ortgebundenen Heilmittel Sole und Radon finden Patient*innen mit schmerzhaften rheumatischen Leiden hier seit über 100 Jahren Hilfe. Es ist einerseits eine natürliche Strahlentherapie im Heilstollen. Im Laufe der Therapie setzen Schmerzen aus, Medikamente können abgesetzt oder reduziert werden. In Verbindung mit der Radontherapie werden Solebäder aus Mineralwasser verabreicht. Eine Wohltat mit Tiefenwirkung sind die Heilerde-Packungen, die im Wasserbett der Haslauer Wanne durchgeführt werden. Die Patient*innen genießen Momente der Schwerelosigkeit in Verbindung mit einer intensiven Wärmewirkung, die für Tiefenentspannung sorgt. Massagen, Krankengymnastik – vor allem auch im Bewegungsbad im Thermalbad – sorgen für Mobilisierung, die Verbesserung der Beweglichkeit. So ergibt sich ein therapeutischer Mix aus aktiven und passiven Anwendungen. Die Therapie wird unter badeärztlicher Anleitung durchgeführt. Ein Gesundheitsstudio mit Panoramablick erlaubt es, unter Anleitung an Kondition und Muskelaufbau zu arbeiten.

Kurhausstraße 22, 55543 Bad Kreuznach
www.crucenia-gesundheitszentrum.de
ÖPNV: Linie 201, Haltestelle Kreisverwaltung/Badeallee

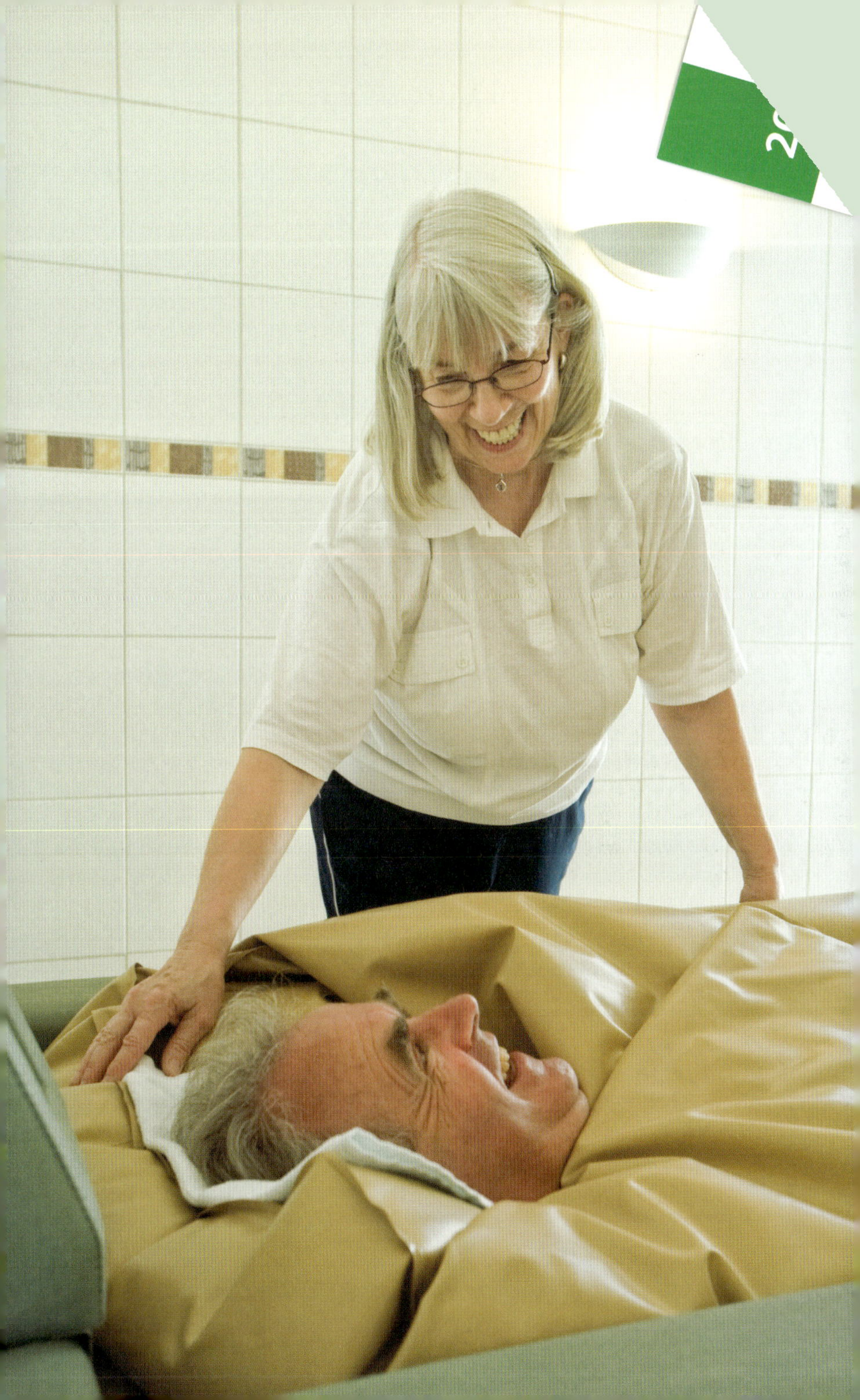

Totes Meer an der Nahe
Die Salzgrotten der crucenia thermen

17,5 Tonnen des Salzes aus dem Toten Meer in Jordanien sind der Rohstoff, aus dem die Salzgrotten gebaut sind. Das Salz hat man nämlich in 12.000 Ziegel gepresst. Nur aus diesen Salzziegeln geformt ist die Meersalzgrotte mit dem Bad Kreuznacher Thermalbad verbunden. – 21 Mineralstoffe, davon die Hälfte in Europa nicht vorhanden, reichern die trockenwarme Raumluft an und machen die Inhalationssitzung im Meditationslicht zu einem Wohlfühl- und Gesundheitserlebnis. Die Gäste ruhen hier bei angenehmen 22 bis 23 Grad Celsius in bequemer Kleidung auf Liegen.
Die positive und wohltuende Wirkung der reinen ionisierten Luft in der Bad Kreuznacher Salzgrotte in Kombination mit beruhigenden Klängen und sanften Lichteffekten bereitet Wohlbefinden und sorgt für Tiefenentspannung. Stammkund*innen der Salzgrotten schätzen den hilfreichen Effekt der Inhalationssitzungen bei Hauterkrankungen, Leiden der Atemwege und bei Stress.
Die natürliche Anwendung und das Ambiente der Grotte nutzen auch gerne Familien mit ihren Kindern, zum Beispiel bei Atemwegserkrankungen oder Neurodermitis. Deshalb wurden zwei getrennte Grotten mit Wartebereich eingerichtet, in denen je nach Bedarf Erwachsene mit einem höheren Ruhebedürfnis oder aber auch Familien mit spielenden Kindern das besondere Mikroklima genießen können: Spielgeräte machen die Grotte zum Strandspielplatz. – Eine Sitzung dauert 45 Minuten: „Kaum liege ich, da bin ich schon weggedöst", berichtet ein Stammgast, der vor allem die Entspannung in der Mittagspause schätzt. Das ist dann ein ganz klein bisschen wie ein Kurztrip an die See. Ein besonders intensives Erlebnis in den crucenia Totes-Meer-Salzgrotten ist die Klangreise. Sie nutzt die meditative Atmosphäre in den Grotten für eine akustische Inszenierung. Achim Wendling, Klangtherapeut und Klangpädagoge, nutzt die heilsamen Vibrationen der Klangschalen und Gongs, die das vielbeschäftigte Gehirn zur Ruhe, den sogenannten Alphazustand, kommen lassen. Verkrampfungen können sich sanft lösen und man kommt wieder in seine eigene Mitte. Die Fantasie bekommt Flügel, Alltagssorgen sind vergessen – für eine Weile zumindest.

Kurhausstr. 26, 55543 Bad Kreuznach
www-crucenia-salzgrotten.de
ÖPNV: Linie 203, Haltestelle Kreisverwaltung/Badeallee

21

In den Berg gehen, um Schmerzen loszuwerden

Der Radonstollen

Wer vom Kurpark auf den markanten Aussichtspunkt, den kleinen Teetempel, schaut, ahnt kaum, dass sich im Berg eine in Deutschland einzigartige Therapieeinrichtung befindet: der Sanitätsrat Dr. Jöckel-Stollen. Chronische Schmerzen bei rheumatischen Erkrankungen rauben Lebensfreude und Vitalität, die Einnahme von Analgetika kann Gesundheitsgefahren mit sich bringen. Daher führt viele der Betroffenen die Hoffnung auf die Befreiung von Schmerzen in den Kauzenberg: Seit 1912 dient der Stollen als Radoninhalatorium. - Ein junger Kreuznacher Chemiker und Apotheker - Dr. Karl Aschoff - gehörte zu der Generation, die fasziniert die Entdeckung der Radioaktivität durch Henri-Antoine Becquerel und das Ehepaar Marie und Pierre Curie verfolgte. Auch er machte sich nun auf die Suche nach Stoffen, die natürliche Strahlungen abgeben - und wurde in der Kreuznacher Sole, den Mineralquellen, fündig. Er forschte weiter und fand eine deutlich messbare Radonstrahlung in einem stillgelegten Bergwerk im Kauzenberg. Radon ist ein Gas, das beim Zerfall von Radium entsteht und seinerseits unter Abgabe einer Strahlung in Polonium zerfällt. Schon 1912 begann Aschoff, die radonhaltige Atemluft im Stollen für therapeutische Zwecke zu nutzen. Ein erstes Inhalatorium, das er baute, wurde allerdings 1945 zerstört. Im Jahr 1972 eröffnete die Stadt die großzügig ausgebauten Heilstollen in der heutigen Form. Dabei werden nur 60 Meter eines mehr als 500 Meter langen Gangsystems genutzt.

Unter ärztlicher Aufsicht nutzt die Radontherapie Strahlung in niedriger Dosierung. Sie wird bei durch Rheuma verursachtem Schmerz verordnet und kann, so berichten Patient*innen, bis zu einem Jahr zu einer Schmerzreduzierung führen. Dafür werden 8 bis 10 Sitzungen mit einstündiger Dauer im Stollen verordnet, in den radonangereicherte Luft eingeleitet wird. Die Raumtemperatur ist angenehm und die Luft besonders staubarm. Viele Patient*innen kommen regelmäßig wieder. Der Stollen wurde vor einigen Jahren nach Dr. Jöckel benannt, weil der Badearzt sich 50 Jahre lang für die Anwendung und Erhaltung dieser Therapieform eingesetzt hat.

Nachtigallenweg 3,55545 Bad Kreuznach
www.euradon.de
ÖPNV: Linie 201, Haltestelle Oranienpark

22 Wildwassersport im Salinental

Die Kanustrecke

Den Spaziergänger*innen im Salinental, die dem Uferweg gegenüber der Karlshalle folgen, bietet sich zu allen Jahreszeiten ein besonderes Spektakel. Jüngere und ältere Sportler*innen kämpfen in einem künstlichen Wildwasserkanal am Nahewehr im Kajak mit dem nassen Element. Die Aufgabe: Durch Stäbe, die an Verspannungen aufgehängt sind, in der richtigen Richtung und in der richtigen Reihenfolge das Kajak hindurchmanövrieren – und das möglichst schnell. Das erfordert höchste Aufmerksamkeit und perfekte Koordination. Der Kanu-Slalom wird als Wettkampfsport in Bad Kreuznach von drei Vereinen mit mehreren Hundert Mitgliedern praktiziert. Dem Ruder- und Kanuverein, der Kanu-Sportverein und der Kanu-Abteilung in einem der größten Sportvereine des Landes, dem VfL Bad Kreuznach. Die Aktiven sind schon im Schüleralter national und international unterwegs – und das sehr erfolgreich. Leuchtende Vorbilder sind die Erfolge von Michael Senft, der 1996 im Zweier-Kajak mit Andre Ehrenberg bei den Olympischen Spielen in Atlanta die Bronzemedaille holte, mit Michael Bahmann 2004 in Athen den vierten Platz belegte und seine Karriere – wieder mit Michael Bahmann – mit dem Gewinn des Weltmeistertitels 2005 krönte. Zwischenzeitlich hatte Thomas Schmidt aus den Reihen des RKV im Jahr 2000 olympisches Gold geholt. Da war es klar, dass die Stadt der Kanu-Szene eine würdige Trainingsstrecke schaffen musste, die auch den Trainingsbetrieb eines Landesleistungs- und sogar Olympiastützpunktes mit professionellen Trainer*innen erlaubte. So wurde mit dem Einbau von Stufen und der Anlage eines Kanals als Abzweig vom Nahewehr eine Wildwasserstrecke geschaffen. Sie macht es möglich, dass in allen Altersklassen nationale und internationale Titel eingeheimst werden. Mit Ricarda Funk hat der KSV ein heißes Eisen bei der Olympiade im Feuer. Besonders beim RKV-Herbst-Kanu-Slalom verwandelt sich die Parklandschaft des Salinentals in ein Eldorado des Kanu-Sportes – es ist die größte Regatta des Landes, vor allem dank der vielen Jugendteams, die es aus ganz Deutschland an die Nahe zieht.

Saline Theodorshalle, 55543 Bad Kreuznach,
www.rkv-bad-kreuznach.de; www.ksv-bad-kreuznach.de
ÖPNV: Linie 201, 251, 253, Haltestelle Karlshalle

galasport
unicore

23

Sightseeing im Kahnmaran

Der Nahe-Boot-Verkehr

Doch, doch Bad Kreuznach hat einen Hafen! Und das obwohl die Nahe niemals schiffbar war. Nur Kanus, Ruderboote und über Jahrhunderte die flachen Kähne der Naheschiffer befuhren den Mühlenteich oder den Hauptarm der Nahe, wobei die freie Flussstrecke durch Wehre begrenzt wird. Der aktuelle Nahehafen ist eines der vielen Geschenke, die der neue Hochwasserschutz der Stadt gemacht hat, der bis 2003 realisiert wurde. Direkt an den Bögen der Alten Nahebrücke am Mühlenteich sind Terrassenanlagen entstanden, die Lust darauf machen, am Fluss zu verweilen, mit den Kindern die Enten zu füttern oder eine Pause von der Radtour auf dem Naheradweg einzulegen, der hier vorbeiführt. Genau diese Stelle hat auch der pfiffige Optometrist Göckel, der sein Geschäft auf der Brücke unterhält, für eine Geschäftsidee ausgemacht. Ihn störte, dass die Ausflugsboote, die noch bis in die 1950er-Jahre den Fluss belebten, verschwunden waren – und so meldete er bei den zuständigen Behörden seinen neuen Hafen an und ließ dort große Kähne einlaufen, die er doppelspännig, also wortspielerisch als Kahnmaran, betreibt. So kann er für ein großartiges Gruppenerlebnis sorgen. Denn er verleiht natürlich jede Menge Tretboote, Ruderboote oder Kanus, doch die Kahngespanne sind seine Spezialität. Sie garantieren alleine deshalb schon ein großes Hallo der bis zu 30-köpfigen Besatzung, weil mit Muskelkraft das Boot flussaufwärts bewegt sein will. Das ist bei stärkerer Strömung besonders an der Kurparkspitze eine Herausforderung, wo sich der Mühlenkanal vom Hauptarm der Nahe trennt. Das Erlebnis, die Stadt vom Fluss aus wahrzunehmen, bietet ganz besonders reizvolle Perspektiven. Da fährt man vorbei an der Pauluskirche, schippert zwischen Ufermauern entlang des Bäderhauses zur Kurparkpassage, wo sich das Boot unter einem Laubdach bewegt und an der Elisabethquelle in die „offene See“, den Fluss, sticht, wo sich nun entlang der Roseninsel das Gesichtsfeld weitet und den Blick auf Wald und Parks frei gibt. Der ideale Punkt, um für Weinprobe und Menü vor Anker zu gehen. Denn auch Gaumenfreuden sind buchbar und machen den Kahnmaran zum Gastroboot: Bon appétit!

Kurhausstr. 2, 55543 Bad Kreuznach
www.naheboote.de
ÖPNV: Linie 201, 204, 204, 241, 242, 251 Haltestelle Stadtwerke

FG B
MZ

24

Himmelsstürmer am Glockenturm

Klettern an der Matthäuskirche

Der höchste „kletterbare" Kirchturm in Rheinland-Pfalz steht im Norden von Bad Kreuznach. Für die 1965 gegründete evangelische Matthäus-Gemeinde wurde 1968 eine Kirche gebaut. Der Glockenturm hat vier glatte Betonwände. Den Jugendlichen vom Christlichen Verein junger Menschen (CVJM) kam dann die Idee, dass so eine Betonstele prima als Kletterrevier taugt. Mit seinen 34 Metern Höhe in Hanglage verspricht der Aufstieg einen grandiosen Ausblick. – Doch für die Aussicht haben die Kletter*innen, die konzentriert in der Wand auf drei unterschiedlich schwierigen Touren nach oben gleiten, keine Augen. Hier kommt es auf Koordination, die richtige Sicherung, Planung, Kräfteeinteilung, Selbstüberwindung und die Willenskraft an. Auf drei Seiten des Betonturms montierte das Team um Manfred Pusch künstliche Klettergriffe. Die Wand erlaubt es nicht, fixe Halteseile anzubringen. So ist jeder Aufstieg Teamwork – und um diesen Lernprozess, um die Erfahrung mit den eigenen Kräften und der Hilfe der anderen ganz oben ankommen zu können, ging es den Initiatoren. Sie schulten Kletter*innen, die Jugendliche beim Aufstieg bis in die luftigen Höhen über den Dächern der Stadt anleiten und sichern. Seit der Eröffnung 2015 nutzen viele Jungen und Mädchen aus Schulen, Vereinen, aber auch das Technische Hilfswerk die drei Klettersteige. Gemeinsam üben die jungen Leute Tricks und Kniffe beim Klettern. Zusätzlich zum Turm steht auch eine Bolderwand in einem Raum im Gemeindezentrum für das Klettertraining bereit.

So entfaltet die Initiative der Gemeinde und des CVJM eine große Anziehungskraft auch auf auswärtige Gruppen. Regelmäßig trifft sich die CVJM-Klettergruppe jeden Donnerstag. Training ist in der Kernzeit von 16.30 bis 18 Uhr. Jugendliche zwischen 12 und 18 Jahren können einfach kommen und mitmachen. Auch Grundschüler*innen werden schon im Klettern geübt und viele auswärtige Gruppen buchen den Kletterturm! Der Mut der Matthäus-Gemeinde, mit ihrem Projekt „Klettern am Kirchturm" ungewöhnliche Wege zu gehen, wurde mit dem Ehrenamtspreis der rheinischen Kirche belohnt. – Übrigens: Die Kirche ist weiterhin eine normale Pfarrkirche mit regem Gemeindeleben.

Evangelische Matthäuskirche, Steinweg 14, 55545 Bad Kreuznach
www.cvjm-badkreuznach.de
ÖPNV: Linie 203, 241, 242, 244, 251, Haltestelle Holzmarkt/ Otto-Zimmer-Platz

25

Die Liebe zum Kino als Familientradition

Das Cineplex Bad Kreuznach

Auch in Bad Kreuznach muss die Innenstadt um die Kund*innen ringen. Einen Trumpf hat die Stadt jedoch: das Cineplex. Das Kinocenter mit neun Sälen und 1400 Plätzen, ausgestattet mit modernster Technik, gehört zu den fünf erfolgreichsten Kinos des Landes. Für eine Stadt mit 50.000 Einwohner*innen ist ein solcher Kinopalast ein Glücksfall. Eine nicht häufig anzutreffende Familientradition steckt hinter der Kinogeschichte. Mit Johannes Sawatzki, der das Cineplex seit 2018 mit seinem Vater Heinz-Georg führt, ist nun die fünfte Generation angetreten, um das Schiff des „Kinematographen-Theaters“ durch Flauten und schwere Wetter aufgrund technischer Revolutionen, veränderten Freizeitverhaltens und der Wechselspiele der Filmkultur zu steuern. Jede Generation musste einen neuen Kurs finden und das Unternehmen umbauen. Der Weg führt von „Heyms Saalbau“ mit dem „Theater lebender Photographien“, zum Kinematographen in der „Union“, von dort zu den „Kammer-Lichtspielen“, zu „Kammer“ und „Movie“, die in den Achtzigern durch Heinz-Georg Sawatzkis „CineMagic“ ersetzt wurden, denen er dann das Cineplex folgen ließ. Bei all dem Wandel blieb sich gleich, was die Kund*innen suchen: Ein Erlebnis, das sie aus dem Alltag in neue Welten entführt. Das ist heute ein Klangerlebnis mit Dolby Digital Sound System und waren früher ein Pianist oder/und ein Orchester und wird morgen wieder etwas anderes sein. Immer bequemer und großzügiger wird die Bestuhlung. Jüngst haben die Sawatzkis 200 Plätze für mehr Beinfreiheit geopfert und jetzt kommen auch noch Liegestühle dazu. Eigentlich braucht man gar nicht mehr nach Hause zu gehen. Weil das Cineplex groß genug ist, zeigt es als Premierenkino viele Filme, sobald sie auf den Markt gebracht werden. Die besondere Bedeutung des Cineplex für die Stadt ergibt sich auch aus der Lage: Der Betrieb ist mitten in der City geblieben und bildet mit der benachbarten Stadtbibliothek so etwas wie ein Medienzentrum. Das Publikum genießt die Zeit vor und nach dem Kinoerlebnis im stilechten Rick’s Bistro. Und: Das Kinoerlebnis bringt bis heute Menschen einander näher – mal mehr, mal weniger.

Kreuzstraße 57-67, 55543 Bad Kreuznach
www.cineplex.de
ÖPNV: Linie 201, Haltestelle Salinenplatz oder Kreisverwaltung/Badeallee; vom Bahnhof Bad Kreuznach 10 Gehminuten.

CINEPLEX
BAD KREUZNACH
PREMIUM-CLASS
www.cineplex.de

26 24 Stunden nonstop
Johnens Schaufenstermuseum

Das Haus Ecke Lämmergasse/Ambrosiusgasse steht wohl schon über 250 Jahre in der Neustadt auf dem Keller eines noch älteren Hauses. Im Obergeschoss verputztes Fachwerk, im Keller wurde ein Grenzstein aus dem Jahr 1753 verbaut und alles ist renovierungsbedürftig: Das war genau richtig für den Professor für Ästhetik und Kommunikation, Kurt Johnen, auf der Suche nach einer Wirkungsstätte nach dem Berufsleben.
Zuletzt gehörte das Gebäude einem Sanitär-Installationsbetrieb. Deshalb gibt es im Erdgeschoss ein großes Schaufenster und auch das war dem Sammel- und Fotoenthusiasten Professor Johnen sehr willkommen. Hier konnte er seine Schätze zeigen: Seit 2010 führt er hier vor Augen, wie stark sich die technische Alltagskultur, die Welt der Dinge, deren Design, Handhabung und Nutzung in den letzten 70 Jahren verändert haben. Sein Schaufenstermuseum ist 24 Stunden am Tag geöffnet (und dafür eigens auch nachts beleuchtet). Es zeigt Filmprojektoren, Kameras, Filmspulen, Filmrollen, Baukästen, technische Helfer aus der Küche, aus Haustechnik und Freizeit, Geschirr, Schreib- und Rechenmaschinen, aber auch Filmillustrierte und Ansichtskarten. Die Sammelfreude Johnens hat den Laden gefüllt, sodass er die Ausstellungen im Schaufenster variieren kann. Sind es heute Projektoren, kommt morgen die Toaster-Parade auf die Bühne, übermorgen eine Sammlung von Metall- und Holzbaukästen. Johnen ist häufig selbst anwesend, Oft kommen Leute herein und er stellt fest, dass seine Produkte vor allem Erinnerungen wecken. Menschen entdecken, wie stark sich die Alltagsgegenstände während ihres eigenen Lebens verändert haben. Dabei zeigt Johnen, dass er sich als Neubürger sehr gut in die Gemütslage der Kreuznacher eingefühlt hat. So lockte er schon mit einer Sonderausstellung eines elektrischen Miniaturriesenrads, das ein hiesiger Jahrmarktsenthusiast einst gebaut hatte, um sich die allzu lange Wartezeit bis zum nächsten Fest auf der Pfingstwiese zu verkürzen. Jeweils zur vollen Stunde drehte sich das Rad für einige Minuten. Will sagen: Es tut sich immer wieder etwas Neues und es lohnt sich, häufiger mal ins Schaufenstermuseum reinzuschauen.

Lämmergasse 26, 55545 Bad Kreuznach
www.kurtjohnen.de
ÖPNV: Linie 203, 241, 251, Halstestelle Holzmarkt/Otto-Zimmer-Platz

SCHAUfensterMUSEU
WIEN MUSEUM
ie Vergangenheit
BASF
Haste Töne?
Hier sind sie!

27

Von Bad Kreuznach ins Weltall
„Schneider-Kreuznach" Optik

Bad Kreuznach hat viele Gesichter und war nie nur ein Postkartenkurort in Reinkultur, auch wenn manche es gerne so wahrgenommen sehen wollten. Die Stadt hat sich seit dem 19. Jahrhundert auch zu einem bedeutenden regionalen Industrie- und Gewerbestandort entwickelt, sie bietet heute 28.000 Arbeitsplätze. Ein Aushängeschild dieser Industriekultur sind die „Jos. Schneider Optische Werke". Seit 1937 steht die Bad Kreuznacher Zentrale des mittlerweile global agierenden Unternehmens mit Niederlassungen in China, den USA, Hongkong und Südkorea in der Bosenheimer Straße. Der Neubau der 1930er-Jahre drückt mit seiner nüchternen, schnörkellosen Klarheit die gewandelte Architekturphilosophie nach der Weimarer Republik aus. Seit der Gründung des Unternehmens 1913 widmet es sich dem Thema Präzisionstechnik. Der Gründer, Joseph Schneider, war Weingroßhändler. Sein Sohn, Joseph August, war Technikenthusiast und betätigte sich früh als Erfinder optischer Geräte. Zur Verwertung seiner Patente gründete der Vater das Unternehmen, das zunächst sein Sohn, dann seine Schwiegertochter und schließlich der Enkel zu Weltruhm führten. Bereits 1915 baute Schneider-Kreuznach die ersten Kinoprojektionsobjektive. In der Folge gewann das Unternehmen mehrmals den Technik-Oscar für Innovationen in der Film- bzw. Projektionstechnik. Werbe- und Kunstfotograf*innen oder Bildjournalist*innen in aller Welt schwören auf ihre „glitzernden Präzisionserzeugnisse" (Jean Bauty). Schneider-Kreuznach gehörte zu den ersten Produzenten von Zoom-Objektiven. In der langen Unternehmensgeschichte waren die Objektive – Xenar, Radionar, Xenon, Symmar, Angulon oder Variogon – immer wieder in führenden Kameramarken (Canon und Co) zu finden. Doch die High-End-Technik greift auch nach den Sternen. Als die NASA die Mondsonde Lunar-Orbiter-4 auf die Mondumlaufbahn schickte, um die Mondoberfläche zu fotografieren und die Mondlandungen vorzubereiten, vertraute man 1967 auf das „Schneider-Kreuznach" Objektiv Xenotar – 80 mm. Es lieferte über 500 Bilder. Auch bei den Space-Shuttle-Flügen seit 1990 vertraute die NASA auf die Objektive aus Bad Kreuznach.

Ringstr. 132 (Anfahrt Bosenheimer Straße), 55543 Bad Kreuznach
www.schneiderkreuznach.com
ÖPNV: 10 Gehminuten vom Bahnhof Bad Kreuznach (Ausgang Bosenheimer Straße); Linie 201, 221, Haltestelle AOK

28 Moderne Kinderreha und ein verschwundenes Paradies

Sophie Sondhelm und die jüdische Kinderheilstätte

Auf dem Weg zur Schwimmbadbrücke im Salinental kommt man am Sophie-Sondhelm-Weg vorbei. Er führt hoch auf die Cecilienhöhe, benannt nach der letzten Kronprinzessin des Hauses Hohenzollern. Oben beherrscht ein mächtiger Baukörper im neuklassizistischen Stil die Szenerie – es ist das Viktoriastift. Erbaut bis 1916 als Kinderheilanstalt gehörte es einer wohltätigen Stiftung lokaler Honoratioren, die sich bereits 1878 gegründet hatte. Auch sie ist benannt nach einer preußischen Kronprinzessin, der Gemahlin von Friedrich III. Das Viktoriastift setzt seit 1878 bis heute, nach mehrfachen Umzügen und Erweiterungen, die große Tradition der Kinder- und Familienkur in Bad Kreuznach fort. Galt es im 19. Jahrhundert noch, in Elend und Armut lebenden Kindern die Segnungen der Kur, guter Luft und ausgewogener Ernährung zu eröffnen, erfordern heute Entwicklungsstörungen, ADS, Adipositas oder Angstzustände therapeutische Arbeit. Das Viktoriastift war nur eines von vielen Häusern, das sich der Kinderkur widmete. Und hier kommt nun Sophie Sondhelm (1887-1944) ins Spiel. Auch die jüdischen Gemeinden wollten Kindern vor allem aus wenig begüterten Familien Kuren ermöglichen. So wurde 1920 das Gebäude der Jüdischen Kinderheilanstalt auf der Cecilienhöhe errichtet. Kinder aus Köln kamen hierher. Es galt als „Paradies" und stand bis zu seiner Auflösung 1938 unter der treusorgenden Leitung der liebevollen und immer gut gelaunten Sophie Sondhelm. Sole-, Luft- und Sonnenbäder, Spielbereiche, Kühe, die frische Milch gaben, tägliche Turnübungen – hier blühten die Kinder auf, bekamen rote Backen und nahmen an Gewicht zu. Von der Kinderheilstätte ist nur das kleine Aufstiegshaus am Anfang des Sophie-Sondhelm-Weges übriggeblieben. Es gehörte zu einer großen, komplett zugewachsenen Grotte mit Solebrunnen, bei dem die Kinder stets frisches Mineralwasser zapfen konnten. Das Haus wurde 1938 von den Nazis geschlossen, kam zum Viktoriastift und wurde im Krieg zerstört. Da war Sophie Sondhelm schon im KZ Theresienstadt ermordet worden.

Sophie-Sondhelm-Weg, 55543 Bad Kreuznach
www.klinik-viktoriastift.de
ÖPNV: Linie 201, Haltestelle Karlshalle

29

Freude an Kreativität wecken

Die Kunstwerkstatt auf der Alten Nahebrücke

Auf der Ostseite der Brücke über den Mühlenteich steht ein Brückenhaus, dessen Untergeschoss auf Pfeilern ruht. An dieses – im Kern fast 400 Jahre alte Haus – schließt sich ein großer, mehrgeschossiger Bau mit Stufengiebel an – das Bootshaus des Creuznacher Rudervereins. Am Seiteneingang weist ein bescheidenes Schild die Kunstwerkstatt e.V. aus. Wer über diese Schwelle schreitet, dem eröffnet sich der Zugang in das Reich der Kreativität. Das zumindest ist das Anliegen, das seit zehn Jahren das Team der Jugend-Kunstschule um die Leiterin Renate Ziegler verfolgt. Sie verspricht Kindern und Jugendlichen „einen Freiraum für gestalterisches Arbeiten". Mehr als zwei Dutzend Künstler*innen und Pädagog*innen ermutigen und instruieren Jungen und Mädchen zum Zeichnen, Malen, Schreiben, Gestalten mit Ton, Nähen, Filzen, Tanzen, Theater spielen, Fotos machen, Filme produzieren und zu vielem mehr. 70 Angebote weist das Programm aus, wobei mittlerweile auch die Einbindung von Erwachsenen erfolgt. Auch ihnen ist der Zugang zum kreativen Potenzial häufig genug versperrt. Frei von Leistungsdruck ist die Kunstwerkstatt, die sich dank der Förderung des Landes Rheinland-Pfalz und durch Spenden finanzieren kann. Ein Ort – dort, wo das Herz der Stadt schlägt – an dem man sich ausprobieren, Freude an Gestaltung gewinnen und Freundschaften schließen kann. Zwei Projekte machen das besonders deutlich. Da sind einmal die Jugendteams, die sich regelmäßig treffen, Malpartys organisieren, Räume gestalten und für verrückte Werbeaktionen verantwortlich zeichnen. Und seit 2013 dreht sich das Kita-Karussell. Mit 16 Kindertagessstätten arbeitet die Kunstwerkstatt zusammen, 600 Kinder haben bislang teilgenommen. Die Kinder besuchen das Bootshaus und finden in der Medienwerkstatt (Trickfilmproduktion) bei Tanz, Handwerk und „Kunst kunterbunt" (Malen und Zeichnen) Zugang zu künstlerischem Arbeiten und erschließen sich ganz neue Erfahrungsräume. Fast täglich ist die Tür der Kunstwerkstatt offen, beim Tag der offenen Tür oder dem Adventsmarkt stellt das Team mit den jungen Kreativen die Vielfalt der Aktivitäten vor.

Mannheimer Straße 71, 55543 Bad Kreuznach
www.kunstwerkstatt-kh.de
ÖPNV: Linie 203, 204, 205, Haltestelle Stadtwerke

30

Vom Karmeliterkloster zur Pfarrkirche

Die Nikolauskirche

Wer das Kirchenschiff der Nikolauskirche betritt, den umfängt meditative Stille. Das durch die Glasmalereien des 19. Jahrhunderts gefilterte Licht verstärkt diesen Eindruck noch. Die Nikolauskirche an der Schmalseite des Eiermarktes ist seit 750 Jahren ein sakraler Mittelpunkt der Stadt. Sie ist dem Heiligen Nikolaus von Myra geweiht. Die wuchtigen, gedrungenen Säulen des Langhauses mit dem Kreuzgewölbe vermitteln die betonte Schlichtheit des Baustils, der für Karmeliterkirchen typisch ist. Dieser der Armut und Kontemplation verpflichtete Orden übernahm 1281 eine Kapelle des Grafen von Sponheim. In der Folge wurden die Kirche und ein großes Klosterareal gebaut. Nach zeitweiliger Aufhebung durch die Reformation erfolgte um 1630 die Neueinrichtung als strenges Reformkloster. Die zeitweiligen französischen Machthaber lösten das Kloster nach 1800 auf. Es wurde katholische Pfarrkirche. Bis 1906 wurde die Kirche umfassend renoviert - nachdem man den Plan, sie abzureißen, verworfen hatte - und erhielt erstmals einen Kirchturm. Dem schlichten Baustil von Karmeliterkirchen folgend zierte die alte Kirche nur ein Dachreiter. Erste Glocken erklangen erst 1706. Mit der um 1900 entstandenen Optik prägt die Kirche bis heute das Stadtbild. Im Inneren bildet der Hochalter einen Blickfang, der dem Mäzenatentum der Unternehmerfamilie Puricelli zu verdanken ist. Altäre, Grabmäler, Fenster und Skulpturen bieten Gelegenheit für Entdeckungen. Ein besonderes Schmuckstück, das bei Führungen gezeigt wird, ist das Kreuzreliquiar aus dem 14. Jahrhundert, das ein kunstvoller Kreuzfuß aus der Werkstatt des berühmten Goldschmiedemeisters Hans von Reutlingen (1465–1547) trägt. Vom Glaubensleben des 16. Jahrhunderts zeugt das Hungertuch: Es diente dazu, in der Fastenzeit Kreuze, Altäre, Reliquien und Bilder zu verdecken. Das feine Stück Schweizer Textilkunst zeigt biblische Szenen und Allegorien auf Glauben, Liebe, Hoffnung und Gerechtigkeit.
Tipp: Es lohnt, eine der regelmäßigen Führungen oder die Öffnungszeiten nach dem Gottesdienst zu nutzen, um diesen Kirchenraum auf sich wirken zu lassen.

Poststraße 3, 55545 Bad Kreuznach
www.kath-kirche-kreuznach.de/kirchen/st-nikolaus-bad-kreuznach/
ÖPNV: Linie 203, 241, 242, 251, Haltestelle Stadthaus/VfL-Halle

Parkscheinautomat

31

700 Jahre allein auf der Insel

Die Pauluskirche

Heraus aus der Fußgängerzone, hinein in das größte Kirchenschiff zwischen Mainz und Trier unweit der Alten Nahebrücke! Der Raum beeindruckt mit seiner schlichten Größe. Der weitgehende Verzicht auf schmückendes Beiwerk steht in der Tradition der reformierten Gemeinde, die als tonangebende Konfession die Kirche seit 1585 nutzte. Besucher*innen umfangen Licht, Ruhe und Harmonie. Nur die Kanzel aus Eichenholz zieht die Blicke auf sich. Auf dem Schalldeckel sitzt ein als Engel ohne Flügel gedeuteter Knabe mit Bibel und Kreuz. Altar, Orgel und Kanzel bilden eine Einheit. Dabei fällt auf, dass diese Kirche zwei Hauptorgeln hat. Die Geschichte dieses Gotteshauses spiegelt die Stadtgeschichte wider. Als die Grafen von Sponheim Kreuznach als Doppelstadt beiderseits der Nahe neu gründeten, gaben sie ihr auf der Insel zwischen den beiden Stadtteilen mit der 1332 nach 20 Jahren Bauzeit geweihten Kirche eine gemeinsame Mitte. Bei der Kirche lag auch der Friedhof. Weitere Gebäude befanden sich bis zur Entwicklung des Kurgebietes auf der Insel zwischen den beiden Flussarmen nicht. Zur Zeit der Reformation wurde die Kirche 1556 lutherisch, später reformiert und 1817 vereinigten sich die protestantischen Gemeinden. Doch auch die Katholik*innen hatten Nutzungsrechte. So wird in der Pauluskirche das Nebeneinander der christlichen Konfessionen in der Stadt deutlich. Von der mittelalterlichen Kirche ist nur der gotische Chor übrig. Französische Truppen zerstörten sie 1689. 100 Jahre brauchte es für den Wiederaufbau. Seit 1781 bzw. dem Umbau 1844 stellt sich die Kirche in der heutigen Optik dar, wobei der Chor erst 80 Jahre später durch englische Kurgäste von einer Ruine in eine schmucke Kapelle verwandelt wurde, in der Grabsteine der Sponheimer und anderer Adliger in der Wand eingemauert sind. Noch einmal wurde die Kirche bei der Brückensprengung ruiniert, sodass sie erst 1954 wieder genutzt werden konnte. Die Verbundenheit mit der Stadt wird durch die Kirchenuhr deutlich, die der Stadt gehört und als Stadtuhr dient. Auch das Geläut der drei zusammen sechs Tonnen schweren Glocken sagt den Bürger*innen, was die Stunde geschlagen hat.

Kurhausstraße 2, 55543 Bad Kreuznach
www.kreuznach-evangelisch.de
ÖPNV: Linie 203, 204, 205, 241, 242, 251, Haltestelle Stadtwerke

32

Der einsame Turm, ein Zeuge des Wandels

Die Wilhelmskirche

Ein einsamer Turm unweit des Kornmarkts ist ein markanter Teil des Stadtbildes, das sich den Betrachter*innen vom Mühlenteich oder vom Kornmarkt aus bietet. Er wirkt aus der Zeit gefallen, überflüssig. Die untere Hälfte bildet ein Bruchsteinmauerwerk auf quadratischem Grundriss, im dritten Geschoss führt eine Tür ins Nirgendwo, im achteckigen Glockengeschoss hängen keine Glocken. Und doch ist der Turm ein Zeitzeuge. Gebaut hat die Kirche die lutherische Gemeinde von 1698 bis 1701, erstmal ohne Turm, der kam später und wurde nach 1860 durch den heute noch erhaltenen Turm ersetzt. Der Glockenturm überragte einst das Kirchenschiff, zu dem auch ein Pfarrhaus an der Roßstraße gehörte – ein architektonisches Kleinod. Warum entstand eigentlich erst im Jahr 1700 eine lutherische Kirche? Die Reformation wurde durch Kurpfalz doch schon 1556 eingeführt?
Zunächst errang die sehr viel radikaler auf Bereinigung des Ritus ausgerichtete, reformierte Kirche die Alleinherrschaft. Mit dem 30-jährigen Krieg brachten zunächst spanische Besatzer die katholische Konfession zurück, später verhalfen die schwedischen Eroberer der bis dahin unterdrückten lutherischen Konfession zum Aufschwung. Die musste in einer ehemaligen Zehntscheune Gottesdienst halten, bis der Neubau gelang. 1817 vereinigten sich dann die reformierte und lutherische Gemeinde zur unierten evangelischen Gemeinde. Bis 1954 dienten sowohl die Pauluskirche als auch die Wilhelmskirche dem Gottesdienst. Von 1945 bis 1954, als die Pauluskirche nach dem Krieg instandgesetzt werden musste, war die Wilhelmskirche Pfarrkirche. Danach wurde sie aufgegeben und dann von der Gemeinde verkauft und dem Abriss preisgegeben. Und der Name? Der ehrte vermutlich die beiden fernen Stadtherren Kurfürst Johann Wilhelm von der Pfalz und Markgraf Ludwig Wilhelm von Baden. Der Turm ist ein Symbol des Wandels: Christ*innen, seit Jahrhunderten die jüdische Gemeinde und heute islamische Gemeinschaften – Bad Kreuznach war immer schon ein Ort der Vielfalt religiöser Orientierungen. Gemeinschaften kamen und gingen, wuchsen und schrumpften und mit ihnen ihre Gebäude.

Turmstraße, 55543 Bad Kreuznach
ÖPNV: Linie 203, 204, 205, Haltestelle Stadtwerke

33

Ein Kirchenschiff ankert im Verkehrsfluss

Die Heilig-Kreuz-Kirche

Das Langhaus aus leuchtendrotem Buntsandstein und der mehr als 30 Meter hohe schlanke Kirchturm der katholischen Heilig-Kreuz-Kirche sind der erste Blickfang, der die Gäste erwartet, die den Bahnhof verlassen haben. Der Haupteingang liegt in der Fluchtlinie der Salinenstraße, ist aber auf die Seite verlegt worden, als man die Straße erweiterte, um den Verkehrsströmen der Kreuzung Platz zu schaffen. Die Heilig-Kreuz-Kirche ist die Hauptkirche aller katholischen Pfarreien der Umgebung. Sie wurde in nur zwei Jahren, 1895 bis 1897, nach Plänen des Architekten Ludwig Becker im neugotischen Stil und damit nach dem Geschmack des Kaiserreiches erbaut. Becker war Dombaumeister in Mainz und für etliche vergleichbare Bauwerke verantwortlich. Der Bau der Kirche war erforderlich, weil sich die Zahl der katholischen Christ*innen in Kreuznach zwischen 1800 und 1900 von circa 1.800 auf über 8.000 erhöht hatte. Der dreischiffige Kirchenraum schuf neuen Raum für die Gemeinde. Auf der verschieferten Dachlandschaft markiert ein Vierungsturm den Punkt, an dem Langhaus und Querhaus der Hallenkirche zusammentreffen. Dass dreimal neue Glocken gegossen wurden, weil sie zweimal in Kriegen zur Einschmelze abzuliefern waren, dass die Orgel einmal renoviert und einmal neu gebaut wurde, zeigt schon, dass die Zeitläufte den Sakralbau stark beeinflusst haben. Vor allem sind im Inneren die alten Kirchenfenster im Dürer-Stil durch Bomben in der Schlussphase des Zweiten Weltkrieges zerstört und durch neue Fenster ersetzt worden. „Unruhig spitze, abstrahierende Formen, zeigen in den Chorfenstern Szenen aus der Geheimen Offenbarung: die Vollendung des Gottesreiches nach der Apokalypse" (so die Kunsthistorikerin Fink-Madeira). Kreuzweg, neugotischer Flügelaltar und Marienaltar stehen für die Erstausstattung. Skulpturenschmuck aus dem 16. bis 18. Jahrhundert zeigt verschiedene Heilige. Mit dem von Kubach-Wilmsen gestalteten Altar aus Carrara-Marmor in Form einer Schale zog die Moderne in die Kreuzkirche ein. Sie verfügt mit Klaus Evers über einen herausragenden Organisten und ist auch für Konzerte – Klassik, Gospel, Pop – offen.

Wilhelmstr. 37, 55543 Bad Kreuznach
www.kath-kirche-kreuznach.de
ÖPNV: Die Kirche liegt am Bahnhof (Kreuzungspunkt aller Bus- und Bahnlinien).

34

Modernes Leben, der Tradition verpflichtet

Die Jüdische Kultusgemeinde Bad Kreuznach

Die Geschichte nimmt oft krumme Wege. Da hatte die jüdische Gemeinde im Jahr 1937 gerade das 200-jährige Jubiläum der Synagoge in der Fährgasse gefeiert und bemühte sich um das Überleben in einem von Hass vergifteten Land unter nationalsozialistischer Herrschaft – da wurde 1938 der Barockbau verwüstet, enteignet, zweckentfremdet und die Ruine nach dem Krieg abgerissen. – Die Geschichte der Jüd*innen in der Stadt lässt sich 750 Jahre zurückverfolgen. Noch heute erinnert das „Haus des Juden Gottschalck" Ecke Lämmergasse/Mannheimerstraße 12 (später: Löwensteiner Hof) an einen Bankier, der hier um das Jahr 1400 lebte. In der Zeit der Gleichberechtigung seit der Französischen Revolution wuchs die Gemeinde bis 1925 auf 600 Personen an. Dann kam das Ende: Emigration und Judenvernichtung ließen nur drei Personen jüdischen Glaubens zurück. Doch jetzt kommen die krummen Wege ins Spiel: 1936 bauten die Deutschen für den geplanten Krieg eine Kaserne in der Alzeyer Straße. Dazu gehörte eine kleine Kapelle. Die Kaserne nutzten bis zum Jahr 2000 amerikanische Truppen. Die Kapelle diente verschiedenen Religionen. Nach dem Abzug der Amerikaner konnte sie die durch Zuzug aus Osteuropa wieder auf 200 Mitglieder angewachsene jüdische Kultusgemeinde erwerben und als Synagoge, das heißt als Ort der Gottesdienste, des Gebetes, der Feste und des Unterrichtes nutzen. Dort gibt es heute unter anderem Sprachkurse, probt ein Gemeindechor, wird in der Küche nach den religiösen Vorschriften koscher gekocht – auch für auswärtige Gäste –, gibt es eine Bibliothek, einen Seniorenclub, Sonntagsschule und Schach für Jugendliche. Die Synagoge ist ein offenes Haus: Auch Gäste sind zu den Gottesdiensten willkommen. Blickfang des Raumes bildet im Chor der Schrank mit den geweihten Torarollen, über dem das ewige Licht leuchtet. Herausragend ist das Glaskunstwerk „Simchat Tora" („Freude an der Tora") des Glaskünstlers René Blättermann: In einem Drillingsfenster steigt die Farbkaskade von Blau, über Rot und Gelb nach oben. Sieben Symbole stellen Sinnbezüge zur jüdischen Religion und Geschichte her.

Alzeyer Straße 63, 55543 Bad Kreuznach, www.jg-badkreuznach.de
ÖPNV: Linie 204, 205, 224 Haltestelle Friedhof/Alzeyer Straße,
10 Gehminuten vom Bahnhof Bad Kreuznach,
Ausgang Bosenheimer Straße

שמע ישראל יהוה אלהינו יהוה אחד

35

Besuch beim Imam in der Möbelfabrik

Die Moschee in der Mühlenstraße

Man sieht es dem nach 1875 errichteten großen Backsteingebäude Ecke Alemannenstraße/Mühlenstraße mit den hohen Rundbogenfenstern an, dass es einst eine Möbelfabrik war. Wilhelm Holz hat sie gegründet. Mehr als 100 Jahre später ist hier eine Moschee eingezogen. Seit 1990 unterhält die Türkisch-Islamische Gemeinde in der Mühlenstraße eine Moschee und ein Begegnungszentrum. In den 1960er-Jahren kamen Gastarbeiter auch aus der Türkei in die Stadt. Um die eigene Kultur zu pflegen und Gemeinschaft außerhalb des Arbeitsalltags zu erleben, gründeten Migranten bereits 1969 den Türkischen Arbeiterverein, der sich heute Türkisch-Islamische Gemeinde nennt und dem Verband DITIB (Türkisch-Islamische Union der Anstalt für Religion) angehört. Täglich ist die Moschee bis in die Nacht hinein als Gebetsraum geöffnet. Fünf Gebete in der Zeit vor Sonnenaufgang bis zum Abend gehören zu den wesentlichen religiösen Pflichten der Gläubigen. Der helle farbenfrohe Gebetssaal mit rotem Teppich und gelben Wänden verzichtet dem Koran folgend auf Bilderschmuck, ist mit Gebetsnische, Vortragspodium und Kanzel ausgestattet und mit dekorativen blauen Fayencen geschmückt. Die mehr als 600 Personen zählende Gemeinde versammelt sich hier an jedem Freitag zu Predigt und Gebet. Höhepunkte sind zudem die gemeinsamen Gebete an Ramadan beim Opferfest. Die ehrenamtlich geführte Gemeinde beschäftigt einen Vorbeter und Lehrer (Imam), der die Kinder ab dem Grundschulalter unterrichtet und Ansprechpartner für alle Fragen der Seelsorge und des religiösen Lebens ist. Eine Frauengruppe gehört ebenso zum Gemeindeleben wie eine Jugendgruppe und die öffentliche Teestube. Die Gemeinde beteiligt sich aktiv am gesellschaftlichen Leben der Stadt, wirkt bei offiziellen Anlässen mit, sucht den Dialog mit anderen Religionsgemeinschaften und lädt in die Moschee ein. Zudem praktiziert sie mit Spendenmitteln eine weitere zentrale Pflicht des Islam: Menschen in Not tatkräftig zu helfen. So kochte und servierte die Gemeinde im Februar 2020 für den Obdachlosentreff in der Innenstadt.

Mühlenstraße 78, 55543 Bad Kreuznach
www.ditib.de
ÖPNV: Linie 203, 204, Haltestelle Stadtwerke

36

Der Turm mit dem Pyramidenhelm

Die alte evangelische Johanniskirche, auch Wehrkirche

Ein zeitgenössischer Holzschnitt von Jobst de Necker zeigt die Belagerung der Ebernburg im Jahr 1523. Vor den Zelten des Belagerungsheeres liegt das mit einer Mauer umgebene Dorf, über dem sich die stark befestigte Burg erhebt. Vor der Dorfmauer liegt eine Kirche auf einer Erhöhung. Dieser – ursprünglich Johannes dem Täufer geweihte – Sakralbau ist das älteste erhaltene Gebäude und damit auch das älteste erhaltene Gotteshaus der Stadt. Fast alles, was auf dem Druck von 1523 zu sehen ist, ist verschwunden, nur die alte Wehrkirche steht noch. Sie liegt im alten Friedhof von Ebernburg, noch heute am Ortsrand, umgeben von hohen Bäumen. Die Wehrkirche gilt als eines der ältesten romanischen Baudenkmäler von Rheinland-Pfalz, das Langhaus stammt aus der Zeit der Staufer im 12. Jahrhundert. Erste schriftliche Erwähnung fand sie im Jahr 1212. Damals müssen Burg und Dorf schon bestanden haben. Das Wahrzeichen von Ebernburg ist der 20 Meter hohe Turm mit quadratischem Grundriss, der mit einem pyramidenförmigen Steinhelm versehen ist. Er stammt aus dem 13. Jahrhundert. Im Turm schwingt die älteste Kirchenglocke von Bad Kreuznach; sie ist 473 Kilogramm schwer und wurde 1429 gegossen. Ihr Klang, unterstützt von zwei jüngeren Glocken, begleitet das Leben des Dorfes seit fast 600 Jahren. Die kalkgeweißte Kirche mit dem mächtigen Turm diente nicht allein der Erbauung – sie war auch Wehranlage und Teil der Stadtmauer. Ein unterirdischer Gang verband sie mit der Burg, bis diese endgültig 1698 zerstört wurde. Im Turm erkennt man noch heute Schießscharten und Rillen, die durch das Schärfen von Schwertern entstanden sein könnten. Seit der Reformation versammelt sich in der Kirche die lutherische Gemeinde, die von 1698 bis 1902 gezwungen wurde, die Mitnutzung der Katholik*innen zuzulassen (Kondominium). Den schlichten Innenraum mit der wuchtigen Balkendecke dominiert die Empore mit der blauen Orgel. Auf den Pfeilern befinden sich die Evangelistensymbole. Besonders in der Abenddämmerung umfängt die Besucher*innen eine besondere Atmosphäre, wenn das Licht durch das Bild der Kreuzigung mit Maria und Johannes des Malers Erhard Klonk (1951) fällt.

Raugrafenstraße 2, 55583 Bad Kreuznach (Stadtteil Bad Münster am Stein-Ebernburg)
ÖPNV: Linie 201, Haltestelle Ebernburg Herrengarten

37

Mehr als nur Gräber

Der Hauptfriedhof Bad Kreuznachs

Friedhöfe sind Orte der Stille, der Erinnerung an geliebte Menschen, des kulturellen Reichtums und der Begegnung mit der Vergangenheit. Sie sind zudem eine „grüne Lunge“, ein Naherholungsraum, beherbergen unter dem Motto „Der Friedhof lebt“ viele Arten der Tier- und Pflanzenwelt im verdichteten städtischen Umfeld. All das trifft auf den zwölf Hektar Fläche umfassenden Hauptfriedhof zwischen der Mannheimer und der Alzeyer Straße zu. Er wurde 1827 neu angelegt, als man den alten Friedhof an der Pauluskirche auflöste. Ein Spaziergang über diese letzte Ruhestätte ist zugleich ein Ausflug in die Stadtgeschichte. Kriegsgräberfelder von 1870/71, 1914 bis1918, der Ehrenfriedhof 1939 bis 1945, und das Mahnmal für die Opfer des Faschismus erzählen ebenso vom Grauen der Gewalt wie ein Ehrenmal für die Kreuznacher, die in den Armeen Napoleons dienten, oder die Gräber russischer Kriegsgefangener des Ersten Weltkriegs. Der Wandel der Grabkultur lässt zudem viel über den Wandel der Mentalität erkennen. Früher war das Grab Ausdruck bürgerlichen Selbstbewusstseins. Davon zeugt beispielhaft die Puricellikapelle von 1895. Der einschiffige Bau aus Rotsandsteinquadern über der Gruft ist wie eine spätgotische Kapelle ausgeführt. Reiches Maßwerk, opulenter Bauschmuck, Skulptur und die Glasmalerei machen diese Kapelle mit der farbigen Dacheindeckung zu einer Pretiose der Sepulkralkultur. So auf die Spur gebracht, machen Spaziergänger*innen eine Entdeckung nach der anderen: Ergreifend sind die Figuren des Todesengels, eine trauernde Mädchenfigur, ein sinnierender Jüngling, Kinderdarstellungen, Abschiedsszenen im antiken Stil, Darstellungen biblischer Szenen oder die in Trauer versunkene Geigenspielerin. Bildprogramme, die sich jedes auf seine Weise mit der Vergänglichkeit auseinandersetzen. Für Menschen islamischen Glaubens ist ein eigenes Gräberfeld geschaffen worden. Die Satzung eröffnet die Möglichkeit zur Bestattung nach islamischem Ritus: Ausrichtung nach Mekka, Tuch und Eindeckung statt Sarg. So ist der Friedhof auch stets ein Spiegel sich wandelnder Lebensverhältnisse.

Mannheimer Str. 249, 55543 Bad Kreuznach
www.bad-kreuznach.de
ÖPNV: Alzeyer Straße, Linie 202, 224 und 225, Haltestelle Friedhof/
Mannheimer Straße, Linie 204, Haltestelle Friedhof

38

Zu Besuch im Haus des Lebens

Der Jüdische Friedhof

Auch wenn Friedhof in hebräischer Sprache Haus des Lebens heißt, so war er doch auch für die Juden kein angenehmer Ort, sondern ein Tummelplatz lebensfeindlicher Kräfte, den man gerne fernab der Siedlungen der Lebenden wusste. In der Stadt entwickelte sich seit dem 15. Jahrhundert bis zur Vertreibung und dem Massenmord von 1933-1945 die größte jüdische Gemeinde im Kreis mit über 600 Männern, Frauen und Kindern. Eine erste Begräbnisstätte erhielten die Juden vor der Stadtmauer am Zwingel, am Hang des Kauzenbergs. Ab 1682 wurde der Friedhof in die Stromberger Straße verlegt. Öffnet man das Tor, das sonst verschlossen ist, tritt man in eine andere Welt ein. Der Friedhof ist mittlerweile von Wohnhäusern umgeben, und doch inmitten der Stadt ein Ort der Abgeschiedenheit und Stille. Gerade in den Morgenstunden nimmt die Stimmung Besucher*innen gefangen. Die verwitterten Grabsteine sind Monumente der Vergänglichkeit. Steine auf den Steinen erinnern an den Auszug Israels aus Ägypten, als in der Wüste die Gräber mit Stein markiert wurden. Es ist, als fiele man aus der Zeit. Von 1630 bis 1925 sind hier die Erstattungen lückenlos erfasst. Über 1100 alte Gräber finden sich hier mit 322 alte Grabsteine. Viele der Monumente geben Auskunft über die Verstorbenen. Der Autor dieses Artikels konnte selbst wiederholt Besucher*innen aus den USA auf den Friedhof begleiten, die nach Hinweisen auf ihre Ahnen suchten. Im Vorfeld konnte man bei der Jüdischen Gemeinde ermitteln, ob der gesuchte Name erfasst ist. Es war stets ein ergreifender Augenblick, wenn man dann vor dem gesuchten Grab stand. Der Friedhof befand sich lange Jahre im Stadium des Verfalls, doch spätestens der Zuzug jüdischer Immigrant*innen seit den 1990er Jahren machte eine Sanierung und insbesondere die Restaurierung der unter Denkmalschutz stehenden Totenhalle erforderlich. Über ihr steht die Inschrift: „Wahrlich es gibt eine Zukunft und eine Hoffnung gehet nicht zugrunde" (Spr. 23, 19). Wenn hier nun wieder viele Bestattungen stattfinden, bedeutet dies, dass es wieder eine lebendige jüdische Gemeinde als Teil der Bürgerschaft gibt.

Stromberger Straße, 55545 Bad Kreuznach
www.jg-badkreuznach.de
ÖPNV: Linie 203, Haltestelle Stadthaus/VfL-Halle oder 204 Haltestelle Stadthaus

39

„Sonne und Sterne schaut ihr nicht mehr“

Der Ehrenfriedhof im Lohrer Wald

Der Spaziergang durch den lichten Lohrer Wald birgt eine Überraschung. Unvermittelt steht man vor einem wuchtigen Portalbau aus dunklem Schiefer. Man schreitet durch eine Maueröffnung und findet sich in einem ovalen Raum mit einer Holzdecke wieder. Auf dem Boden stehen die Zahlen 1939–1945. Vorbei an Basaltsäulen schaut man auf einen ummauerten rechteckigen Innenhof. Man glaubt, sich in einer Kaserne zu befinden – und an deren Bauweise knüpft in der Tat die Gestaltung an. Es ist ein Kriegsgräberfeld. So, wie einst die Soldaten im Kasernenhof in Reih- und Glied antraten bevor sie in den Tod marschierten, sind nun ihre Gräber aufgereiht. Seit 1952 liegen hier die sterblichen Überreste von 2256 Soldaten aus allen Teilen des damaligen deutschen Reiches. Der Volksbund für Deutsche Kriegsgräberfürsorge hat den Friedhof angelegt und unterhält ihn. Die meisten Toten starben in einem Gefangenenlager in der Kreuznacher Gemarkung Galgenberg, das die US-Armee ebenso anlegte wie das sehr viel größere und bekanntere im benachbarten Bretzenheim. Die in amerikanischer Gefangenschaft auf einer kiesigen Ackerfläche notdürftig bestatteten Toten wurden exhumiert und umgebettet und zwar auf eine Waldwiese fern der Stadt, die als Munitionslager gedient hatte. Die Gräber sind umgeben von Blauschwingel, Waldsteinia und Kleinem Immergrün. Keramikplatten tragen Namen und Lebensdaten. Der jüngste Tote durfte nur 16 Jahre leben, der älteste starb im 65. Lebensjahr. Kreuznacher finden sich hier nicht, sie wurden auf dem zentralen Friedhof in der Stadt beerdigt. Soweit die Angehörigen zu ermitteln waren, erhielten alle die Gelegenheit, ihre Toten in die Heimat zu überführen. Nur in 16 Fällen ist das geschehen. Einmal im Jahr finden sich Lebende zum Gedenken am Volkstrauertag ein. Die erste Rede hielt Ministerpräsident Peter Altmaier. Damals erklang zum Abschluss das Lied „Ich hatt' einen Kameraden", Schulmädchen legten Blumen auf die Gräber, vor den Augen von 4000 Gästen. Heute kommen natürlich weniger. Aber das Lied erklingt immer noch zum Abschluss.

Ehrenfriedhof Lohrer Wald, 55545 Bad Kreuznach
www.bad-kreuznach.de
Keine ÖPNV-Anbindung. An der L 236 zwischen Rüdesheim/Nahe und Traisen liegt ein Parkplatz mit Ausschilderung.

40

Eine Stadt, die unverwechselbare Charaktere liebt

Der Originalebrunnen auf dem Kornmarkt

Auf dem größten innerstädtischen Platz – dem Kornmarkt – steht ein ganz besonderes Denkmal. Es erinnert an Menschen, die in der Stadt gelebt haben und zwar an einfache Menschen – keine Künstler, Diplomaten, Militärs, Aristokraten oder Sonstiges. Oft entsteht Kunst im öffentlichen Raum ohne Beteiligung der Menschen. Das ist beim Originalebrunnen, der seit 1975 den Kornmarkt schmückt, anders gelaufen. Der Stadtrat Adolf Müller verfügte testamentarisch, aus seinem Vermögen solle ein Brunnen auf dem etwas öden Parkplatz geschaffen werden. Über den Wettbewerb zur Gestaltung entschieden Bürger*innen, deren Votum das Preisgericht folgte. Und so wurde ein Entwurf verwirklicht, der dem Selbstverständnis der Kreuznacher*innen entsprach. Nicht heroisch, nicht politisch, nicht überragend künstlerisch – authentisch sollten die Figuren sein, die fortan auf dem zentralen Platz für die Bürgerschaft standen.
Da stehen einträchtig über- und untereinander: Maria Probeck (1884–1960), „Es Probecks Marie“, Hausmeisterin in einer Schule, zugleich bis 1929 für die Feueralarmierung mit „Tute“ zuständig. Heinrich Karl Philipp Saam (1866–1934), „De Gulasch“, ein stadtbildprägender Junggeselle mit Vorliebe für kräftig gewürztes Gulasch, Fritz Braun (1870–1934), „Debedee“, der stadtbekannte Zeitungsverkäufer, Theaterdiener und Platzanweiser im Kurtheater, Gustav Hermann Wiechert (1849–1916), „de Schutzmann Wiechert“, der sich um preußische Ordnung in der Grenzstadt bemühte und der Wandermusikant Franz Ganz (1852–1930), „Es Gänzje“ mit seiner Drehorgel, für die ihm auch noch Geld zugesteckt wurde, als er nur noch mit dem total verstummten Instrument durch die Gassen zog. Menschen, die keine Heldentaten vollbracht, keine Wunder gewirkt, weiter keine großen Werke hinterlassen haben. Sie waren einfach da und haben als unverwechselbare Charaktere ihren Platz in der Erinnerung der Menschen erworben. Der Brunnen steht seit 2019 erstmals in der Mitte des Kornmarktes und die Kinder haschen nach den Strahlen des Wasserspiels zu den Füßen der Originale.

Kornmarkt, 55545 Bad Kreuznach
ÖPNV: Linien 203, 205, Haltestellte Stadtwerke; Linie 201 Haltestelle Salinenplatz. 10 Gehminuten vom Bahnhof Bad Kreuznach

TANZEN

41

Der Held aus dem Metzgerviertel

Michel Mort

Viele Städte haben lokale Helden, die äußersten Einsatz erbracht, das Letzte gegeben, womöglich gar das Leben für die Stadt gelassen haben. In Bad Kreuznach ist Michel Mort einer von dieser Sorte. Seit 1902 steht er auf einem hohen Sockel, der an einen Sarkophag erinnert, auf dem mittelalterlichen Marktplatz, dem Eiermarkt, vor einer Zeile Fachwerkhäuser mit Blick auf die Nikolauskirche. Der Michel - aus Sandstein - blickt zur Seite einem imaginären Feind entgegen, unter dem linken Arm hat er einen kollabierten Ritter mit Helmhaube, in der rechten hält er abwehrbereit ein Schwert. Das Denkmal hat Robert Cauer (1863–1947) geschaffen, es wurde am Michaels-Tag, dem 28. September 1902, eingeweiht. - Vom Leben des Metzgers Michel sind außer Beruf und Wohnort nur die Todesumstände bekannt. Er soll im Aufgebot der Bürgerschaft mit dem Stadtherren, dem Grafen Johann, in die Schlacht gezogen sein. Das war im Jahr 1279. Es ging gegen den Erzbischof von Mainz und endete bei Sprendlingen im Desaster. Fast, so wird erzählt, wäre der Graf in Gefangenschaft geraten, hätte nicht in einem Amoklauf der um sich hauende Michel viele Gegner niedergemetzelt und dem Grafen aufs Pferd und zur Flucht verholfen, bevor dann dem getreuen Wüterich die Feinde den Garaus machten. Das erzählte vor 500 Jahren der Abt Johann von Trithemius in einer Chronik und der Dichter und Maler Friedrich Müller, ein Kreuznacher in Rom, dichtete es in einer Liebesode auf seine Heimat nach. Der Nachname „Mort" verdankt sich einer Fehlübersetzung - er bedeutet eigentlich „der getötete Michel". Die Figur und ihre Geschichte standen somit für Untertanentreue zum Königshaus und spornten zur patriotischen Begeisterung an. Der Ort der Skulptur ist sinnig, denn an den Eiermarkt grenzte das Metzgerviertel, wo geschlachtet und von der Schlachtbank abverkauft wurde. Wäre Michel wie geplant aus Bronze gestaltet worden, so hätte er der Witterung besser standgehalten. Doch dafür hat das Geld nicht gereicht. So steht nun auf dem Eiermarkt eine etwas ramponierte Kopie und im Stadthaus das restaurierte Original. Sorgen macht auch immer wieder mal das Schwert, das wiederholt entwendet wurde.

Eiermarkt, Bad Kreuznach
www.bad-kreuznach-tourist.de
ÖPNV: Linie 203, 241, 242, 244, 251, Halltestelle Holzmarkt/
Otto-Zimmer-Platz

42

Das Rätsel um den Schwarzkünstler und Alchemisten

Faust in Kreuznach

Die Geschichte vom Gelehrten Faust, der zwecks Optimierung der Lebensmöglichkeiten einen Pakt mit dem Teufel schließt und seine Seele verkauft, hat - seitdem sie erzählt wird - zahllose Kunstwerke inspiriert. Literatur ist sie, seit in Frankfurt 1587 eine „Historia von Dr. Fausten", eine kuriose Sammlung seiner Wunder- und Schandtaten erschien. Da war Faust schon lange Legende. Gelebt hat so ein Mann wohl wirklich, eher ein Magier, Astrologe und Alchemist denn ein Teufelsbündner. Und die erste Spur dieses realen Faust führt nach Kreuznach. Am 20. August 1507 warnt ein Abt des Klosters Sponheim, selbst Adept der schwarzen Künste, einen Freund vor der Ankunft eines Schwindlers und berichtet, dieser habe von Ostern bis zum August 1507 in Kreuznach gelebt. Die Bürgerschaft hat ihn dann davongejagt. Der Brief des Humanisten-Abtes Johann von Trithemius ist das älteste und längste Zeugnis für das historische Vorbild der literarischen Tradition. Was lockte Georg Sabellicus Faust nach Kreuznach? Nun, es hatte ihn wohl der horoskopgläubige Franz von Sickingen als Astrologe angeheuert und mit einer Stelle bei der einzigen Schule der Stadt – einer Lateinschule am Karmeliterkloster St. Nikolaus – versorgt. Ob die Vorwürfe sexueller Verfehlungen, die die Vertreibung des Magiers veranlassten, zutrafen, ist nicht zu ermitteln. Tatsächlich kamen solche Nachreden häufig im Zusammenhang mit dem Vorwurf der Hexerei vor. Trithemius sieht in ihm einen Scharlatan, der sich „Fürst der Totenbeschwörer" genannt und auch sonst allerlei Wahrsagekünste zugeschrieben habe. Genau diese dürften den Kriegsunternehmer Sickingen sehr interessiert haben. Ein historisches Fachwerkhaus, das lange als sein Wohnhaus genannt und als Gasthaus betrieben wurde, ist alt, aber nicht alt genug. Ihm kommt aber die Ehre zu, dass hier 1947 die Beratende Landesversammlung tagte, die die Verfassung des Bundeslandes erarbeitet hat. Aber Faust könnte in dem großen Kloster der Karmeliter am Eiermarkt gelebt haben. Am besten begegnet man Faust jedoch im Museum für Puppentheater-Kultur, denn das Figurentheater fand dieses Thema immer sehr spannend.

Fausthaus, Magister-Faust-Gasse 47, 55545 Bad Kreuznach
www.bad-kreuznach-tourist.de; ÖPNV: Linie 204, Haltestelle Stadthaus, Linie 241 und 242, Haltestelle VfL Halle/Stadthaus

Gaststätte
Bes. Alex Jacob
47

43

Der Gründer des Bades wacht über das Kurgebiet

Das Prieger-Denkmal

An prominenter Stelle der Stadt, gleich auf der Wiese neben der Pauluskirche mit dem Kauzenberg und der Burgruine im Rücken, hat die Bürgerschaft im Jahr 1867 das erste öffentliche Denkmal der Stadt errichtet. Hier ist der Arzt Dr. Johann Erhard Peter Prieger (1792–1863) dargestellt, dem Carl Cauer vier Jahre nach dem Tod des Gründers des Heilbades ein bleibendes Andenken schuf. Ohne Prieger wäre Kreuznach eine „Ackerbürgerstadt", deren Einwohner*innen von einer Mischung aus Handwerk, Handel und Landwirtschaft lebten, geblieben, vielleicht noch stärker industriell geprägt und wäre auf jeden Fall kein Kurort geworden. Der junge Arzt, der seine medizinischen Anfänge als Feldchirurg gesammelt und als uneheliches Kind nur dank eines Stipendiums Medizin studiert hatte, kam 1817 vertretungsweise an die Nahe und blieb. Prieger wunderte sich, warum die Kreuznacher*innen die salzhaltigen Quellen zwar zur Salzgewinnung, nicht aber zu Heilzwecken nutzten. Er ließ Kinder in der Sole baden, die an schweren Hautausschlägen litten und erzielte Erfolge. Zäh und unermüdlich setzte er sich neben anderen Aufgaben – so war er Kreisphysikus und operierte im städtischen Krankenhaus – für die Entwicklung der Kur ein, wobei er oft an der hartleibigen Stadtverwaltung zu verzweifeln drohte. Doch mit der Entdeckung der Elisabethquelle, dem Bau des Kurhauses (1843) und später dem Anschluss an die Bahn kam der Durchbruch. Auch dank seiner regen publizistischen Tätigkeit und der Pflege internationaler Kontakte zu Ärzten machte er den Kurort für Trink- und Badekuren international bekannt. Dort, wo Priegers Denkmal heute steht, war früher der Friedhof, später dann Brachland. Das Kurgebiet, das sich zwischen Nahebrücke und Kurpark entwickelte, ist Priegers Lebenswerk. Aktiv war er auch für die Kirche, neben der sein Denkmal steht, und im Stadtrat. Zudem dirigierte er mit seiner Frau Maria eine elfköpfige Nachkommenschaft. Der Dankbarkeit der Bürgerschaft waren enge Grenzen gesetzt. Geplant war eine bescheidene Büste. Dafür wurden etwa 1000 Taler gesammelt. Der Familie war das zu wenig, denn sie wünschte sich ein großes Denkmal. Das kostete jedoch 6000 Taler, also zahlte die Familie die Differenz selbst.

Kurhausstraße 2, 55543 Bad Kreuznach
www.bad-kreuznach-tourist.de
ÖPNV: Linie 201, Haltestelle Salinenplatz, Linie 203, Haltestelle Stadtwerke

Dr I.E.P. PRIEGER
Begründer
des

44

„Wenig gekannt, wenig geschätzt“

Friedrich Müller, Dichter und Maler

Im kleinen Park zwischen Mühlenkanal und Pauluskirche steht ein wuchtiger 250 Zentner schwerer Monolith, auf dem sich ein Bronzerelief befindet. Es ist ein Abbild des in Kreuznach 1749 geborenen und in Rom, seiner zweiten, seiner eigentlichen Heimat, 1825 verstorbenen Malers und Dichters Friedrich Müller. Die Darstellung des Bronzetondos folgte einem Porträt, das der gleichfalls in Rom lebende Maler Ludwig Emil Grimm 1816 angefertigt hatte. Friedrich Müllers Grab befindet sich in der Kirche Sant'Andrea delle Fratte. Die Grabinschrift drückt gleichermaßen eine gewisse Frustration und das Lebensgefühl des Vielbegabten aus: „Wenig gekannt und wenig geschätzt hab ich beym Wirken nach dem Wahren gestrebt, und mein höchster Genuß war die Erkenntniß des Schönen und Großen - ich habe gelebet! Daß Fortuna nie mich geliebt, verzeih' ich ihr gern."
Friedrich Müller war eines von sieben Kindern eines Wirtes und Bierbrauers. Die Schule musste er abbrechen und hütete Vieh. Doch seine Begabung und die Verwandtschaft der Mutter brachte ihm die Förderung als Maler. Er wurde kurpfälzischer Hofmaler, schuf eindrückliche Genredarstellungen („Schweineporträt") und ging 1778 nach Rom, wo er blieb. Zugleich pflegte er literarisches Talent, gehörte vor 1780 zu den aufstrebenden Autoren, kontaktierte die Großen der Zunft (Goethe, Lessing und Co). Zeitgleich mit Goethes Dramen hat er sich dem Faust-Stoff gewidmet, der ihn nie losließ. Idyllen und Erzählungen, auch mit lokalem Kolorit, zeigen ihn als originellen Kopf. In Rom versandete sein malerisches Talent - er wurde im Dienst des Königs von Bayern zum Kunstagenten und Cicerone. Der Heimatstadt hat er in seinem Hymnus ein literarisches Denkmal gesetzt: „O daß ich so lange von dir geschwiegen, du meine geliebte, teure Vaterstadt! Wo ich geboren ward, zuerst das Leben, des Seins erstes Gefühl einsog! Wie herrlich schwebst du mir Flüchtling immer noch vor der Seele", leitete er ihn ein. Seit 1905 ehrt ihn die Heimatstadt am Mühlenteich. Die Maler-Müller-Gesellschaft pflegt sein Andenken mit Vorträgen und Publikationen. Sein Geburtshaus wurde 1967 für eine Straße abgerissen.

Kurhausstraße 2, 55543 Bad Kreuznach (vis-a-vis Pauluskirche)
ÖPNV: Linie 201, 204, 205, Haltestelle Stadtwerke

FRIEDRICH MÜLLER
MALER u. DICHTER
geb. KREUZNACH 1749.
gest. ROM 1825.

45

Nach Kreuznach der Liebe wegen
Karl Marx und Jenny von Westphalen

Filmteams aus China schauen auch schon mal in Bad Kreuznach vorbei: Ihr Weg führt in das Stadtarchiv, wo man ihnen bereitwillig das Protokoll der standesamtlichen Trauung von Jenny von Westphalen und Karl Marx am 19. Juni 1843 präsentiert. Der Beurkundungsakt wurde vollzogen im Stadthaus, wo noch heute die Stadtspitze residiert, durch den damaligen Oberbürgermeister Johann Buss. – Jenny von Westphalen lebte nach dem Tod des Vaters mit der Mutter, dem Bruder und einer Hausangestellten seit Oktober 1843 im Hotel zur Sonne vis-à-vis vom Stadthaus. Karl Marx, als Redakteur der Rheinischen Zeitung in Köln ansässig, kam gelegentlich zu Besuch.

Die einstige Ballkönigin von Trier tat, was sie in der Verlobungszeit immer getan hatte, sie wartete – auf Karl. Der wusste, was er der schon 29-jährigen zumutete. Am 13. März 1843 schrieb er: „Ich bin schon über 7 Jahre verlobt und meine Braut hat die härtesten, ihre Gesundheit fast untergrabenden Kämpfe für mich gekämpft" – was auf die ablehnende Haltung der Verwandtschaft abzielte. Von April bis Oktober 1843 lebte dann auch er in Kreuznach. Der Trauzeremonie wohnten wenige Personen bei. Auch kirchlich ließ sich das Paar der frommen Familie der Ehefrau wegen trauen. Karl war bekennender Atheist. Der evangelische Pfarrer Schneegans vermerkte den Trauakt im Kirchenbuch. Wo die Zeremonie stattfand, wissen wir nicht. Die eigentliche protestantische Stadtkirche, die Pauluskirche, wurde gerade renoviert. Vielleicht war der Ort die auf der anderen Seite des Mühlenteichs angesiedelte, ehemalige lutherische Wilhelmskirche? Von ihr steht heute nur noch der Turm.

Von Juni bis Oktober dürfte das Paar die hoffnungsfrohsten Tage der vielen gemeinsamen Jahren verlebt haben. Eine Hochzeitsreise führte nach Baden-Baden. Karl fand Zeit zu Recherchen in einer gut bestückten Schulbibliothek: seine Abschriften sind als die „Kreuznacher Exzerpte" bekannt. Jenny nahm stets regen Anteil an diesen Studien. Doch es blieb auch Zeit für die Liebe. Als die beiden Kreuznach verließen, um nach Paris zu gehen, erwarteten sie das erste von sieben gemeinsamen Kindern – fast wäre die kleine Tochter Jenny ein „Gässchen" geworden.

A-20

No 51.

Gemeinde Creuznach

Kreis Creuznach

Regierungs-Bezirk Coblenz.

Marx Carl und v. Westphalen Johanna Bertha Julie Jenny

Im Jahre tausend acht hundert vierzig und drei den neunzehnten des Monats Junij, Vormittags zehn Uhr, erschienen vor mir, Franz Buss, Ober Bürgermeister von Creuznach, Beamten des Personenstandes, der Carl Marx, fünf und zwanzig Jahre alt, geboren zu Trier Regierungs-Bezirk Trier, Standes Doctor der Philosophie wohnhaft zu Cölln, Regierungs-Bezirk Cölln, groß jähriger Sohn des Heinrich Marx, bei seinen Lebzeiten Standes Justizrath, wohnhaft zu Trier gestorben Regierungs-Bezirk Trier und der Henriette Presberg Standes ohne wohnhaft zu Trier Regierungs-Bezirk Trier.

Und die Johanna Bertha Julie Jenny von Westphalen, neun und zwanzig Jahre alt, geboren zu Salzwedel Regierungs-Bezirk Magdeburg, Standes ohne besonderes Geschäft wohnhaft zu Creuznach Regierungs-Bezirk Coblenz, groß jährige Tochter des Johann Ludwig von Westphalen, bei Lebzeiten Standes Regierungs Rath, wohnhaft zu Trier, gestorben Regierungs-Bezirk Trier und der Carolina Heubel, Standes ohne wohnhaft zu Creuznach Regierungs-Bezirk Coblenz

Die Mutter des Bräutigams willigt durch unten angeführten Einwilligungs Akt, und jene der Braut durch ihre persönliche Gegenwart in vorstehende Ehe ein.

In dem Einwilligungs Akt der Mutter des Bräutigams ist der Vorname des Vaters der Braut als Ferdinand aufgeführt, derselbe heißt aber Johann Ludwig wie aus der vor uns gemachten eidlichen Erklärung der Braut und der vier gegenwärtigen Zeugen, nachdem sie vorher erklärt hatten dieselbe genau und recht zu kennen, hervorgeht.

Dieselben haben mich aufgefordert, die zwischen ihnen verabredete Heirath gesetzlich abzuschließen.

Da die vorgeschriebenen öffentlichen Ankündigungen dieser Heirath wirklich vor der Hauptthüre des Gemeindehauses zu Creuznach, zweimal Statt gehabt haben, nämlich die erste am Sonntage den ein und zwanzigsten Mai und die andere am darauf folgenden Sonntage den acht und zwanzigsten Mai ein tausend acht hundert drei und vierzig

da die Urkunden dieser Ankündigung gebührend öffentlich angeschlagen gewesen und kein Widerspruch gegen diese Verheirathung eingereicht worden ist, habe ich, um besagter Aufforderung zu willfahren, folgende Urkunden verlesen:

a. den Geburts Akt des Bräutigams und
b. den Sterbe Akt seines Vaters, beide Akten vom Oberbürgermeister Görtz und Adjunkten Thanisch zu Trier unterm dreißigsten und acht und zwanzigsten Januar dieses Jahr ausgefertigt
c. den Einwilligungs Akt seiner Mutter, vom Notar Funck zu Trier unterm acht und zwanzigsten Januar dieses Jahr aufgenommen
d. den Geburts Akt der Braut vom Königlichen Consistorial Rath und Pastor an der Sankt Marien Kirche zu Salzwedel unterm elften Februar dieses Jahr ertheilt,
e. den Sterbe Akt ihres Vaters vom Adjunkten Thanisch zu Trier unterm drei und zwanzigsten Februar dieses Jahr ertheilt
f. die Atteste der Verkündigung zu Cölln vom Civilstands Beamten [illegible] daselbst unterm vierzehnten Junij dieses Jahr ertheilt,
g. das Attest der Verkündigung zu Bonn, [illegible] des Beamten [illegible] ... Monats und Jahr ertheilt

Die Foto-Pionierin aus der Kurhausstraße

Das Nelli-Schmithals-Haus

Es ist das allererste Haus, das auf der Kurinsel – dem Badewörth – stand – die Nr. 17 der Kurhausstraße. Die dreiflügelige Front mit dem klassizistischen Dreiecksgiebel lässt noch heute etwas vom Charme ahnen, den die geschlossene Häuserzeile der Kurhausstraße noch um 1900 verströmt haben muss. Besonders bezaubern die Balkone mit ihren filigranen Ziergittern. Inzwischen hat die Kurhausstraße ihre harmonische Einheit verloren. Um so wertvoller ist es, dass das Haus Nr. 17 nun frisch renoviert ist. Erbauen ließ es 1833 der Unternehmer Andreas Wilhelmi, er erschloss die erste Solequelle der Stadt. Die Familie Schmithals erwarb das Haus und betrieb eine Kurpension mit eigener Soleleitung. 1860 entstand im Garten ein schmuckes Fachwerkhaus am Mühlenteich. Es war 1880 das Geburtshaus von Nelli Schmithals. Sie avancierte zu einer herausragenden Fotografin, obwohl sie sich Technik und Kunst selbst aneignen musste. Ihre erste Kamera stellte sie 1895 mit 15 Jahren in der Nikolauskirche auf. Während Nelli Schmithals der Mutter half, die Kurpension zu führen, richtete sie im Gartenhaus ihr Labor ein. Vor allem aus der Zeit bis 1930 verdanken wir ihr Ansichten der Stadt und der Region in bestechender Qualität, aber auch Sozialreportagen wie Bilder behinderter Kinder der Kreuznacher Diakonie oder Dokumentationen der Arbeit auf der Saline und der Kulturschätze des Heimatmuseums. Als Chronistin hielt sie z.B. mit der Kamera fest, wie Kaisers Geburtstag gefeiert wurde oder wie russische Kriegsgefangene Schlammmassen im Garten beseitigten, als 1918 das Kurgebiet von Hochwasser überschwemmt wurde. Nach einem Fahrradsturz musste sie eine Beinprothese tragen, arbeitete aber weiter. Aus der Pension wurde ein Wohnhaus. Weil einer ihrer beiden Brüder, Hans Schmithals, als Architekt auf Bildern mit dem nationalsozialistischen Autobahnbauer Fritz Todt im Haus zu sehen war, verwüsteten es amerikanische Soldaten und zerstörten viele Arbeiten der Künstlerin. Sie lebte noch bis 1975 in dem Haus. Fotografien hat sie nicht mehr aufgenommen. Der spätere Hauseigentümer Eduard Gampper hat einen Teil der Fotoplatten gerettet.

Kurhausstr. 17, 55543 Bad Kreuznach
ÖPNV: Linie 201, 221, Haltestelle Kreisverwaltung/Badeallee

Die Totenmaske im Kurhaus

Das Große Hauptquartier im Ersten Weltkrieg

Wer das Foyer des 1913, kurz vor Beginn des Ersten Weltkriegs, eröffneten Parkhotels Kurhaus betritt, blickt auf eine Totenmaske, goldfarben. Sie ist auf einer großen Granitplatte befestigt und zeigt das Antlitz von Mustafa Kemal Pascha, besser bekannt als Atatürk. Die Granitplatte trägt in deutscher und türkischer Sprache die Inschrift: „Der Gründer der Republik Türkei und erste Staatspräsident Mustafa Kemal Atatürk (1881–1938) hielt sich am 19. und 20. Dezember 1917 in diesem Hotel auf. Zu der Zeit Sitz des Großen Hauptquartiers. 25. April 1997." Wer mehr über diesen Besuch wissen will, kann dort den Salon Atatürk besuchen und erfährt dort, dass Atatürk als General im Gefolge des Thronfolgers des Osmanischen Reiches den Bündnispartner Deutschland besuchte. In Kreuznach traf er Kaiser Wilhelm II. und seine führenden Generäle Paul von Hindenburg und Erich von Ludendorff – die Oberste Heeresleitung (OHL). Vom Januar 1917 bis März 1918 befand sich in den Kurgebieten der beiden Heilbäder Bad Kreuznach und Bad Münster am Stein das Große Hauptquartier, der Generalstab mit allen Einheiten. Es war von Schlesien Richtung Westfront verlegt worden. Die Hotels beider Kurorte waren komplett mit Militärs belegt. Das Kurhaus ist das letzte Hotel aus dieser Zeit, das noch steht. Die OHL traf hier weitwirkende Entscheidungen: Der Kriegseintritt der USA wurde durch den U-Boot-Krieg provoziert. Hier wurde entschieden, den russischen Revolutionär Lenin aus der Schweiz durch Deutschland nach Russland reisen zu lassen. Hier wurde der Krieg gelenkt und damit über Tod, Verstümmelung und Traumatisierung von Millionen von Menschen entschieden. Es gab Zeiten, da war die Stadt stolz darauf, dass der Kaiser und die Generalität in Kreuznach residiert hatten. Ein „Eisernes Buch" wurde mit allen Unterschriften angefertigt und als Ehrenbuch fortgeführt. Eine Ausstellung erinnerte im „Dritten Reich" an das „Große Hauptquartier". Wenn nun ausgerechnet der Besuch Atatürks die Erinnerung aufrechterhält, ist das einer Initiative des Türkischen Generalkonsulats in Mainz zu verdanken, die ihr Ziel dank der Kooperation des privaten Hoteleigentümers realisieren konnte.

Kurhausstraße 28, 55543 Bad Kreuznach
www.pkhotels.eu,
ÖPNV: Linie 201, Haltestelle Kreisverwaltung/Badeallee

KURTHEATER
KURVERWALTUNG

48

Rosen für die deutsch-französische Freundschaft

Adenauer und de Gaulle in Bad Kreuznach

In den Farben der französischen Trikolore und in Rot blüht das Rosenbeet, das 1984 im Kurpark Bad Kreuznach unweit der Elisabethquelle angelegt wurde. Es setzte in jenem Jahr ein Zeichen der deutsch-französischen Verbundenheit, als sich der französische Präsident François Mitterand und Kanzler Helmut Kohl am 29. und 30. September 1984 zur 44. deutsch-französischen Regierungskonferenz im Kurhaus einfanden. Später platzierte man ein Buch aus Stein der Künstlerin Anna Kubach-Wilmsen auf dem Beet, das die Hoffnung zum Ausdruck brachte, die Freundschaft möge die Zeiten überdauern. Kohl und Mitterand knüpften bei der Wahl des Ortes an das allererste offizielle Regierungstreffen der verfeindeten Nationen nach dem Zweiten Weltkrieg am 26. November 1958 an gleicher Stelle an. Damals trafen Kanzler Konrad Adenauer und Ministerpräsident Charles de Gaulle (später Staatspräsident) mit ihren kompletten Ministerriegen zusammen und tagten im Ovalen Saal des Kurhauses. Die beiden Staaten trennte eine leidvolle Geschichte, die über 300 Jahre hinweg eine lange Reihe von Kriegen über die Völker gebracht hatte. Jeder Flügelschlag der deutsch-französischen Beziehungen war in Kreuznach zu spüren. Wiederholt war die Stadt von französischen Truppen besetzt, gehörte von 1798 bis 1814 sogar zu Frankreich.
Der Konferenz 1958 in Bad Kreuznach war ein privater Besuch Adenauers in Colombey-les-deux-Églises im September vorangegangen, der gegenseitiges Vertrauen schuf. Beide Begegnungen waren wichtige Etappen auf dem Weg zum deutsch-französischen Freundschaftsvertrag 1963 und vor allem die Basis für die Architektur Europas. Die „petite porte de l'Europe" erinnert am Eingang des Kurparks an diesen besonderen historischen Moment. Ein Gedenkstein steht vor dem Kurhaus. Es hatte sich von einem Ort des Krieges, in dem noch 1917 das Große Hauptquartier den Krieg in Frankreich dirigiert hatte, zum Symbol der Freundschaft gewandelt. Die Stadtverwaltung ließ diesen historischen Moment nicht nur im Eisernen Buch festhalten, man überreichte dem Kanzler auch eine nach ihm benannten Rosenzüchtung, die damals bereits im Kurpark blühte.

Kurhausstraße 28, 55543 Bad Kreuznach
www.bad-kreuznach-tourist.de
ÖPNV: Linie 201, Haltestelle Kreisverwaltung/Badeallee

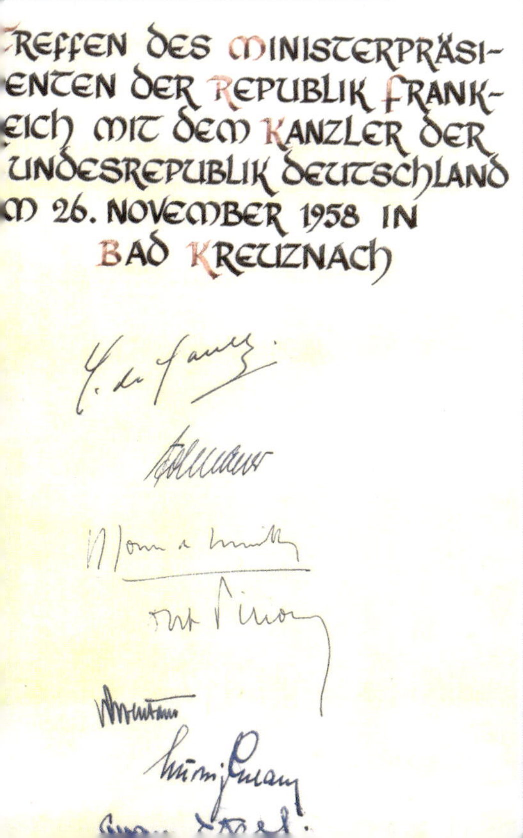

reffen des Ministerpräsi-
enten der Republik Frank-
eich mit dem Kanzler der
undesrepublik Deutschland
m 26. November 1958 in
Bad Kreuznach

49

Der Söldnerführer und der Dichter
Das Hutten-Sickingen-Denkmal

Wer auf der B 48 Bad Münster am Stein-Ebernburg erreicht, sieht vor sich den Burgberg der Ebernburg, wie sie seit dem 19. Jahrhundert wiederaufgebaut wurde. Beim zweiten Blick entdeckt man auf halber Höhe eine Figurengruppe. Zu sehen sind da in Bronze gegossen der Ritter Franz von Sickingen (1481–1523) und der vom Kaiser mit dem Dichterlorbeer gekrönte Poet Ulrich von Hutten (1488–1523). Beide stehen für einen Augenblick der Weltgeschichte, in dem die Ebernburg im Brennpunkt des Geschehens stand. In den Anfangsjahren der reformatorischen Bewegung, als Luther in Acht und Bann kam und auch seine Anhänger Verfolgung zu gewärtigen hatten, sammelte der Söldnerführer Franz von Sickingen um sich einen Kreis von Theologen, die frühe Anhänger Luthers waren. So Martin Bucer, Johannes Oekolampad, Kaspar Aquila und Johannes Schwebel. Doch besonders nahe stand dem Ritter, der als skrupelloser Kriegsunternehmer galt, Ulrich von Hutten. Der war ein weithin bekannter und mit Dichterlorbeer bekränzter humanistischer Dichter. Er gab mit seiner gegen die „Pfaffenherrschaft", gegen das Papsttum und vor allem gegen die finanzielle Ausbeutung der deutschen Territorien gerichteten Propaganda Sickingen die Argumente für sein Handeln, falls der die brauchte. Im Übrigen war er an Syphilis erkrankt und nutzte das in der Region abgebaute Quecksilber für Kuren. Das fünf Meter hohe Denkmal präsentiert auf dem Granitsockel die beiden überlebensgroßen Figuren. Links der Dichter weist mit der Schriftrolle dem lauschenden Ritter den Weg. Der hat den Griff am Schwert, doch zögert er noch. Die von Hugo und Ludwig Cauer nach Entwürfen des Vaters Carl Cauer 1889 gefertigte Skulptur ist Ausdruck eines protestantisch-preußisch, antikatholisch motivierten Nationalgefühls, spiegelt also den Zeitgeist des Kulturkampfs wider. So feiert die Inschrift beide als „Vorkämpfer deutscher Einheit und Größe". Die so Gepriesenen sind in diesem Konflikt untergegangen. Sickingen starb im Kampf gegen eine Fürstenallianz, die er herausgefordert hatte. Die Ebernburg wurde zerstört. Hutten erlag seinem schweren Leiden auf der Insel Ufenau bei Zürich.

Ebernburg, 55583 Bad Kreuznach (Stadtteil Bad Münster am Stein-Ebernburg), www.bad-kreuznach-tourist.de
ÖPNV: Linie 201, Haltestelle Bahnhof Ebernburg, Aufstieg über Treppenanlage

DEN VORKÄMPFERN
DEUTSCHER
EINHEIT UND GRÖSSE
ULRICH VON HUTTEN,
FRANZ VON SICKINGEN

50

Liebe, Verrat und Fernweh

Kapitän Lorenz und seine Tochter Marita

Die Promenade entlang der Nahe mit Blick auf den Rheingrafenstein kann als Wahrzeichen des Kurorts Bad Münster am Stein gelten. Doch der Name der Promenade gibt Rätsel auf. Kapitän Lorenz-Ufer? Heinrich Lorenz, geboren 1898 in einem Haus an der Uferstraße, packte schon als Kind das Fernweh und er kehrte erst nach einem erlebnisreichen Leben in die Heimat zurück, die ihn zum Ehrenbürger machte. Lorenz eroberte als Navigationsoffizier mit den Crews der Dampfer „Bremen" und „Europa" 1928 und 1931 das „Blaue Band" für Rekorde bei der Atlantiküberquerung. Er heiratete die Broadwaytänzerin Alice June Lofland, eines ihrer vier Kinder war die 1939 geborene Marita. Deren Lebensgeschichte ist kaum zu glauben. Weil die Mutter als Spionin für die USA ins KZ Bergen-Belsen kommt, muss auch die kleine Tochter in ein angegliedertes „Krankenhaus", erlitt, so berichtet sie in ihrer Biographie, medizinische Versuche und wurde später von einem US-Soldaten vergewaltigt. Marita sagte später, die Schutzlosigkeit in dieser Hölle habe sie geprägt und immer wieder nach starken Männern suchen lassen. Den ersten findet sie, als der Vater 1959 auf einer Kreuzfahrt mit der „Berlin" vor Kuba ankert. Fidel Castro will sich den Kreuzer selbst anschauen, trifft die 20-jährige Marita, der Funke zündet, es folgt eine neun Monate währende Liebesaffäre in einer Suite im Hotel „Havanna libre". Sie endet mit einer Frühgeburt oder Fehlgeburt. Marita muss zur ärztlichen Behandlung in die USA, wo sie angeworben wird, um Castro zu vergiften. Sie kehrt zurück, führt aber den Auftrag nicht aus. Doch seitdem arbeitet Marita für die CIA. Sie steht in ungeklärter Verbindung zu dem Personenkreis, der die Ermordung von Kennedy vorbereitet, und sagt mehrfach vor dem Kongress aus. Ihr nächster Geliebter war der vertriebene venezolanische Diktator Marcos, der Vater ihrer Tochter. Mit ihren beiden Kindern lebt sie zunächst in den USA und starb verarmt, mit 80 Jahren, in Oberhausen, wo ein Musical ihre Geschichte inszeniert. Nach Bad Münster kam sie erstmals Mitte der Sechziger, um den todkranken Vater aufzusuchen. Der Vater hat ein Ehrengrab auf dem Friedhof von Bad Münster am Stein.

Kapitän-Lorenz-Ufer, 55583 Bad Kreuznach (Stadtteil Bad Münster am Stein-Ebernburg), wikipedia.org/marita_lorenz
ÖPNV: Linie 201, 222, 253 Haltestelle Weinbergstraße, dann von der B 48 auf einer Treppe zur Nahepromenade hinuntergehen

HAUS
WEINMANN

51

Partnerbörse für Weine

Die Nahe-Vinothek

Der Dienheimer Hof ist eines der ältesten Profangebäude der Stadt. Schon im 14. Jahrhundert ist hier ein Adelshof nachweisbar. Das Gebäude in der heutigen Gestalt, vom Kreuznacher Fabrikanten Hans Kallinowski liebevoll restauriert, stammt aus dem 16. Jahrhundert. Es wird von einem markanten Renaissance-Erker, der um die Hausecke herum gebaut ist, geziert. Markant ist auch die Holzgalerie im Obergeschoss. Das Gut gehörte einer weithin begüterten Adelsfamilie: Die Dienheimer hatten an vielen Orten Besitz und stiegen zu höchsten Positionen auf. Den Neubau des Hofes betrieb Johann von Dienheim (1508–1570), Er war Amtmann des Kurfürsten in Kreuznach, und somit dessen Vertreter als Stadtherr. Sein Sohn wurde sogar Fürstbischof von Speyer.
Ein großer tonnengewölbter Keller dürfte schon damals der Lagerung von Wein gedient haben und an diese Tradition knüpft die Nahe-Vinothek an. 50 der rund 300 Weingüter des Weinbaugebietes Nahe haben sich auf Initiative von Weinland Nahe zusammengetan, um hier ein Forum des Naheweins zu schaffen. Jedes Weingut bietet zwei Weine zu Verkostung und Verkauf an – die Kund*innen können zu Hofpreisen kaufen. Zudem steht ein tolles Ambiente für Weinproben und Gruppenevents zur Verfügung und häufig genug ist es eine der Nahe-Weinmajestäten selbst, die eine Weinprobe moderiert. Das Anbaugebiet Nahe umfasst 4200 Hektar Fläche zwischen Martinstein und Bingen und entlang der Nebenflüsse der Nahe, mal in sanftem Hügelland, teilweise auch auf Steillagen. Sehr unterschiedlich ist das Terroir: Vulkangestein mit dünner Humusschicht hier, nährstoffreiche Lössböden dort. Auch die klimatischen Bedingungen variieren von mediterran trockenwarm bis zu kühlerem regenreichem Klima. Bei den Rebsorten überwiegen bei weitem die weißen mit Riesling, Müller-Thurgau und immer beliebter Grau- und Weißburgunder. Bei den roten beherrschen Dornfelder, Spätburgunder und Portugieser die Szene. Etwa die Hälfte der eher kleinteilig organisierten Weingüter bemüht sich erfolgreich um die Direktvermarktung, wofür man mit der Nahe-Vinothek ein Aushängeschild geschaffen hat.

Mannheimer Str. 6, 55545 Bad Kreuznach
www.weinland-nahe.de, www.nahe-vinothek.de
ÖPNV: Linie 203, 241, 242, Haltestelle Holzmarkt/Otto-Zimmer-Platz

52

Wo man vom Nachtwächter zum Wein verführt wird

Wein- und Burgdorf Ebernburg

Nachts war es bis vor 120 Jahren noch dunkel in den Gassen der Dörfer, bevor uns das elektrische Licht aufging. Die Dunkelheit zog lichtscheue Gestalten an. Durch die finsteren Gassen zog der Nachtwächter und schützte die Habe und den Schlaf der Braven. In dieser Tradition gewandet sich heute „Chnutz von Hopfen“, kleidet sich in Hut, Mantel, nimmt Laterne, Hellebarde sowie die klingenden Schlüssel zur Hand und lädt zur abendlichen Nachtwächterführung durch das Burgdorf Ebernburg ein. Seit 1999 bringt der bärenhafte Geschichtenerzähler von April bis September an jedem Montag bei acht Stationen launig und ohne Faktenballast Historisches und Sagenhaftes den Menschen nahe, schildert wie man über Jahrhunderte auf der Burg und im Dorf lebte. Da geht es um den Dorfbrunnen, um Salzgewinnung, um den Namen des Ortes. Man erfährt, wo das Backhaus stand, welches die älteste Brücke des Ortes ist und wie sich die christlichen Konfessionen über all die Jahre vertrugen – oder auch nicht. Und immer wieder bringt der Nachtwächter Licht in die Baugeschichte des Dorfes.
Startpunkt ist der traditionsreiche Unteramtshof, besonders romantisch wird es, wenn man die romanische Johanniskirche mit ihrem Friedhof und den historischen Grabmonumenten erreicht. Die Menschen im Dorf waren Bauern. Zum Teil, wie beim Weingut Gattung, lässt sich die Familiengeschichte bis in das 16. Jahrhundert zurückverfolgen. Mehr und mehr gewann der Weinbau an Bedeutung. Von seiner heutigen Qualität kann man sich vor der Führung überzeugen (die Führung dauert bis in die Nacht). In der Burgstraße kann man gute Tropfen verkosten und herzhafte Speisen genießen. Neben etlichen Speiselokalen bringen Winzerfamilien den eigenen Wein zum Ausschank. Jungs Weingarten gleich unter der Burg, der große Weingarten im Winzerhof Gattung, die Straußwirtschaft im Weingut Robert Rapp oder auch der „Gutsausschank zum Remis'chen“ der Familie Schlich im heimeligen Innenhof laden dazu ein, die Führung bei Speis und Trank Revue passieren zu lassen oder sich zuvor zu stärken. Im Remis'chen ist das für die Nahe typische leicht kegelförmige 0,2-Liter-Glas („halber Schoppen“), das Maß für den Weingenuss.

Treffpunkt: Burgstraße 11, 55583 Bad Kreuznach (Stadtteil Bad Münster am Stein-Ebernburg) www.chnutz.de, www.bad-muenster-am-stein.de
ÖPNV: Linie 201, Haltestelle Ebernburg Mitte, von der Turmstraße in die Burgstraße laufen

53

„Nicht sauisch schmatzen!“
Das mittelalterliche Wirtshaus: Der Kurpfälzer Amtshof

Die Wirte sind mittelalterlich gewandet, man sitzt am robusten Holztisch im dämmrigen Rinderstall, der zur urigen Gasthausstube umgebaut wurde. In Tonbechern werden Getränke gereicht, die Tischregularien eingangs der Speisekarte empfehlen allerlei Benimmregeln wie: „Nicht sauisch schmatzen“. Zum Mahle werden unter anderem geboten: „Knechtspfanne – Braterdaepfel mit Ayren und Schweinskram“ oder „Süpplin von gelben Rueben und Ingwer“. Auf Wunsch würzt ein Bänkelsänger die Speisen mit derben Histörchen. – Karin und Stefan Köhl haben in der langen Geschichte des Kurpfälzer Amtshofes 2002 ein neues Kapitel aufgeschlagen. Dafür hat der Mittelalterarchäologe aber erst einmal den Amtshof eigenhändig mit viel Liebe zum Detail saniert und restauriert. Als die Familie 1997 das 800 Jahre alte Anwesen kaufte, stand es schon länger leer. Die Stallungen hatte bis 1939 eine jüdische Viehhändlerfamilie genutzt, die vor dem Beginn des Massenmords in die USA fliehen konnte. Der Hof dürfte schon den Grafen von Sponheim als „festes Haus“ gedient haben. Nach der Zerstörung der Burg (1523) errichteten die Sickinger hier einen prächtigen Renaissance-Adelshof. Das Portal, durch das man den malerischen Innenhof betritt, zeugt noch von dieser Zeit. Als der letzte Spross der Familie verstarb, zogen die Beamten des Kurfürsten von Kurpfalz ein. – Stefan Köhl weiß, dass man bei einem solchen Objekt mit der Sanierung nie fertig ist. Und so wird nun tagsüber gewerkelt und am Abend gekocht und serviert. Dem Stil des Hauses entsprechend bietet die Küche hausgemachte Gerichte aus mittelalterlichen Kochbüchern und aus Omas Küche. Die Speisekammer füllen Zutaten aus der Region. Darunter Soo-Nahe-Produkte und Vollkornmehl aus der nahen Mühle.

Großen Zulaufs erfreuen sich die Braukurse, in denen man den Brauvorgang in seinen verschiedenen Phasen erlernen kann. Auch kulturelle Events gehörten von Anfang an zum Konzept und sind ein besonderes Gruppenerlebnis, das mit Literatur und Musik vergangene Zeiten näherbringt. – Wer hier speist, kann es im guten Gefühl tun, genussvoll Denkmalpflege zu leisten. Denn: Denkmalnutzung ist die beste Denkmalpflege.

Burgstraße 13, 55583 Bad Kreuznach (Stadtteil Bad Münster am Stein-Ebernburg), www.amtshof.net
ÖPNV: Buslinie 201, 22,1 Haltestelle Ebernburg Mitte

54

Schlemmen an der alten Römerstraße

Treutles Restaurant „Im Gütchen“

Jenen, die behaupten, dass alles immer schlimmer wird, sei ein Spaziergang in die Hüffelsheimer Straße am Schlosspark empfohlen. Hier, wo einst die Alte Römerstraße verlief, befand sich vor 30 Jahren die Ruine eines barocken Wirtschaftsgutes. Heute ist das „Gütchen“ ein mustergültig saniertes architektonisches Schmuckstück und eine der ersten kulinarischen Adressen der Region. Es erfreut sich unter der Leitung von Jan und Elisabeth Treutle der Wertschätzung von Feinschmecker*innen, was die kontinuierliche Bewertung mit 15 Gault-Millau-Punkten zeigt. Das Anwesen ist eine Schöpfung von Amalie von Anhalt-Dessau, die bis 1780 ein barockes Wohnhaus mit Mansarddach errichtete. Ein Keller mit Tonnengewölbe diente als Kühlraum. Der nächste Eigentümer ergänzte zwei Wirtschaftsgebäude und ein zierliches Pförtnerhaus. Später wurde dann die Dreiflügelanlage mit einem Innenhof im Stil der Neorenaissance ausgestattet. Diese welkende Schönheit am Schlosspark rettete der Unternehmensgeist und Lokalpatriotismus der Familie Stenger, die in der Stadt ein Modehaus betreibt. Man erwarb das Gebäude sanierte es und Elisabeth Stenger-Treutle eröffnete Anfang 1994, vor mehr als 25 Jahren, mit ihrem Mann hier ein Gourmet-Restaurant. „Kaum zu glauben, dass dieser modern-elegante, luftig-hohe Raum mal ein Schweinestall war“, wundern sich Gäste. 40 Plätze bietet der umgebaute Stall. Im Sommer erweitert eine Terrasse den Gastraum. Im Gütchen finden, so das Konzept, Architektur und Esskultur zusammen. Regionale Produkte, eine ständig saisonal wechselnde Karte, und Jan Treutles Verbindung von regionaler und mediterraner Kochkunst, haben das „Gütchen“ zu einer Marke gemacht. Vor allem schätzt man die Produkte des Regionalvertriebs „SooNahe“ und natürlich eine exquisite Auswahl von Weinen von 22 Winzer*innen. Dem Gast bleibt da die genussvolle Qual der Wahl: Duette vom Freiland-Rind, Weißes Heilbutt-Filet oder Gebratener Spitzkohl, Piemonteser Kalbstatar oder Carpaccio von zweierlei Rote Bete? Gebratene Creme von belgischer Schokolade oder Rotweinbirne? Da lässt sich nur sagen: Bon Appétit!

Hüffelsheimer Str. 1, 55545 Bad Kreuznach
www.im-guetchen.com
ÖPNV: Linie 203, Haltestelle Schlosspark

55

Lecker Speisen hinter Gittern

Restaurant „Im Kittchen“

Frisches muss auf den Tisch! Möglichst regional und saisonal soll ihre Küche sein. Das ist die ebenso klare wie anspruchsvolle Qualitätslinie, der Roy Unger als Koch des Restaurants und der Weinbar „Im Kittchen“ zusammen mit seiner Frau Kristin folgt. Das Duo managt den Betrieb allein. Für Roy Unger beginnt alles natürlich beim Einkauf, bei der Auswahl von Lieferant*innen, und bei der Zusammenstellung des Speiseplans für die kommende Woche. Denn bei ihm sieht keine Speisekarte wie die andere aus - und deshalb wird sie auch nicht gedruckt, sondern die Menüauswahl wird mit Kreide auf eine Tafel geschrieben. Da kommt das Wild aus der Region, die Herkunft ist bekannt und eingekauft wird nur dort, wo artgerechte Haltung garantiert ist.
Für dieses Konzept, das auch auf den Gast setzt, der ein komplettes Menü in aller Ruhe genießen möchte, hat das Ehepaar Unger mit dem „Kittchen“, einem Wohnhaus aus dem frühen 19. Jahrhundert, das geeignete Ambiente gefunden. Das Haus liegt in der Alten Poststraße in der Neustadt, wo sich nur für sehr kurze Zeit, wenn überhaupt, mal eine Post befunden hat. Auch war das „Kittchen“ nie Gefängnis. Die Gitter sicherten einen Lagerraum. Die Umnutzung zur Gaststätte geht auf die lokale Gastro-Legende Uli Hoffmann zurück, der eigens durch England tourte, um die Originalmöblierung eines Pubs zusammenzukaufen. Und so ist die Inneneinrichtung von einem urigem Holz-Look geprägt. Von Hoffmann übernahmen die Ungers das Lokal. Ihnen gefiel besonders, dass dessen Größe eine familiäre Atmosphäre garantiert. Die Anzahl der Sitzplätze liegt bei etwa 20 bis 30. Ohne Reservierung braucht es Glück, um einen Platz zu ergattern. Man kann à la carte - oder besser: à la Tafel - wählen und wird dann vielleicht auf interessante Kreationen wie Topinambursuppe mit Chorizo oder geschmorte Kalbsbäckchen mit Buchenpilzen, Rehrücken aus Entenpfuhl (Soonwald) mit Rosenkohlblättern, ein Lachscarpaccio oder Wachteln mit Schwarzwurzeln stoßen. Aus Entscheidungsnöten befreit dann das Tapas-Überraschungsangebot: Man wählt zwischen vier, sechs oder neun bekömmlichen Gängen und bekommt so einfach von allem das Beste.

Alte Poststraße 2, 55545 Bad Kreuznach
www.bad-kreuznach-tourist.de
ÖPNV: Linie 203, Haltestelle Holzmarkt/Otto-Zimmer-Platz,
20 Gehminuten zum Bahnhof

Im Kittchen Restaurant & Weinbar
Im Kittchen Restaurant & Weinbar

56

Bier fließt an der Salzquelle
Das Brauwerk im Salinental

Der Urvater des Konzerns Anheuser-Busch in den USA, heute umsatzmäßig die größte Brauergruppe weltweit, war ein Kreuznacher. Eberhard Anheuser (1806-1880) betätigte sich als Seifenhersteller, wanderte 1842 in die USA aus, erwarb ein Vermögen und investierte in St. Louis (Missouri) in eine kleine Brauerei, aus der im Laufe der Zeit die Anheuser-Busch-Gruppe hervorging. Beim Bierbrauen hätte er in seiner Heimatstadt viel Konkurrenz gehabt, denn da soll es etwa 20 größere und kleine Brauereien gegeben haben. Die größte - die Brauerei Tesch - stellt 1890 ihren Betrieb ein. Die legendäre Brauei-Gaststätte Felsenkeller wurde 1981 abgerissen, seitdem waren die Bier-Fans auf „Importware" angewiesen.
Das änderte sich, als Udo Braun und Andreas Röth 2010 die Neuordnung am Eingang des Salinentales nutzten. Sie eröffneten das „Brauwerk", das seinen Namen einer Hörerbefragung im Radio verdankt. Hier wird nun das Salinenbräu hell, dunkel und Weizen hergestellt und ausgeschenkt - und es kommt in den Handel. Bei der Architektur haben die Macher*innen auf das Umfeld sehr behutsam Bezug genommen. Denn einst stand hier ein langes Gradierwerk, das sich von der Salinenbrücke bis zur Schwimmbadbrücke über mehrere Hundert Meter erstreckte. Für einen Campingplatz musste die Anlage weichen, 1998 errichtete die Stadt am Eingang der Karlshalle ein neues Gradierwerk mit Treppenturm. Der Campingplatz wurde zum Wohnmobilplatz verkleinert und in die Lücke dann das Brauwerk, wegen der Nähe zum Fluss, auf Stelzen gestellt. Die Fassade ist, angepasst an das Gradierwerk, in Holzoptik gehalten. Drinnen ist eine gelungene Symbiose aus Gastraum mit Panoramablick zur Nahe und Brauereitechnik verwirklicht worden. Eine große Bar steht im Gastraum, ihr gegenüber das kupferne Zwei-Geräte-Sudwerk. Die gebürsteten, matten, goldbraunen Stahloberflächen kontrastieren elegant mit der Holzmöblierung. Drinnen - wie auch auf einer Terrasse - kann man das Salinenbräu genießen und die Kleinen auf dem schönen Spielplatz im Auge behalten. Tipp: Das Brauhandwerk kann man in kürzeren (zwei bis drei Stunden) oder ausführlicheren Kursen (sechs Stunden) kennenlernen.

Saline Karlshalle 11, 55543 Bad Kreuznach
www.brauwerk.info
ÖPNV: Linie 201, Haltestelle Karlshalle

57

Pikante Verführungskünste
Hartungs Schoko- & Zuckerbäckerei

Die Neustadt ist mit ihren gewundenen Straßen und historischen Gebäuden ein Tummelfeld für individuelle Geschäftsideen. Hier fühlt sich auch nahe dem Eiermarkt seit über zehn Jahren Hartungs Schoko- & Zuckerbäckerei gut aufgehoben, die in ihrem Schaufenster Prachtstücke der Pâtisserie zeigt. Brautpaare aus Zuckerguss mit Marzipan und allerlei Zutaten lachen die Betrachter*innen durch die Scheibe des heimeligen Verkaufs- und Gastraums an. Sie stehen beispielhaft für Tortenkreationen, die wunschgerecht für Hochzeiten, Geburtstage oder Jubiläen gestaltet werden. Da schafft meisterhaftes Konditorhandwerk ein Blumengesteck ebenso wie ein zuckersüßes Gästebuch, ein Familienporträt mit Büsten aus Marzipan, Herzen aus frischem Obstkuchen, Opas Lieblingstraktor oder eine Urlaubsinsel. Turmhoch und mehrstöckig sind natürlich die Hochzeitstorten – inklusive Dekoration mit viel Pfiff. Besondere Wünsche werden kreativ erfüllt: Dann schneidet das Paar auch mal eine Raumstation im Sahnelook oder eine Sonnenblumentorte an. In der „Versuchsecke" sollten sich die Flaneur*innen Zeit zum ungetrübten Genuss der Pralinenköstlichkeiten lassen, die hier frisch und saisonal vom Ehepaar Hartung präsentiert werden: Praline mit Quitten-, Orangen- oder Eierlikör? Schokokugeln mit Vanille-, Ingwer-, Pistaziengeschmack oder mit Tannenspitzengelee oder gewürzt mit Gin und Heidelbeere oder Kaffeebeere? Einfach probieren! Man nimmt Platz im Café oder auf der Terrasse an der pittoresken Mannheimer Straße, lässt die süßen Köstlichkeiten im Gaumen schmelzen, trinkt dazu eine Tasse Kaffee – und noch eine! Für Lothar und Dagmar Hartung ist die Zuckerbäckerei eine Passion. Lothar setzt nun bereits in der fünften Generation die Familientradition des Bäcker- und Konditorhandwerks fort. Auch Dagmar stammt aus einer Gastronomenfamilie und beiden ist wichtig, unverwechselbare Produkte im persönlichen Kontakt zu ihren Kund*innen schaffen zu können. Deshalb haben sie nach 15 Jahren ein gut gehendes Groß-Café am Kornmarkt gegen die idyllische Konditorei in der Neustadt eingetauscht: Und der Erfolg gibt ihnen recht.

Mannheimer Str. 17, 55545 Bad Kreuznach
www.schoko-zuckerbäckerei.de
ÖPNV: Linie 203, Haltestelle Otto-Zimmer-Platz/Holzmarkt

Härtung's
Schoko & Zuckerbäckerei

58

Aus Liebe zum puren Kaffeearoma

Die Kaffeerösterei Puricelli

Die Tür geht auf, die Geruchsknospen öffnen sich: Kaffeeduft umschmeichelt Eintretende und macht in der Kaffeerösterei Puricelli in der Bad Kreuznacher Fußgängerzone mächtig Lust auf eine gute Tasse Kaffee. Und wenn es dann auch noch ein Montag ist, dann kann man selbst dabei sein, wenn die neuen Bohnen geröstet werden. Kenner*innen wissen: Die Herkunft der Bohnen ist ein wichtiger Faktor für die Güte des Kaffees. Ebenso wichtig ist die Röstung der Bohnen. An beiden Themen arbeitet Ralf Stocksieker, der sich als Konditor in Bad Kreuznach einen Namen gemacht hat. Seine Kuchen- und Tortenkreationen kann man im Café Puricelli im Kulturviertel am Schlosspark genießen. „Unser Ziel ist es, für unsere Kunden immer besondere und herausragende Kaffeesorten aus der ganzen Welt zu entdecken", erläutert er seine Mission. In der Rösterei platzierte Säcke zeugen von der Herkunft der Bohnen. Bio-Kaffees aus Brasilien, Honduras, Indonesien, Kolumbien und Peru gehören ebenso zum Sortiment wie sortenreine Kaffees aus Äthiopien, Costa Rica, Honduras, Kenia, Kuba, Mexico, Nicaragua, Ruanda oder Tansania. Da Stocksieker unter anderem Lokalpatriot ist, fehlen auch die Mischungen Puricella (Hausmischung), Crucenia („leichte Süße, vollmundig") oder Michel Mort („voller Körper") nicht. Geröstet wird in einer rotierenden Trommel mit wenig Heißluft, langsam und schonend und mit allmählichem Temperaturanstieg. „So können sich die Aromen intensiv entwickeln", weiß der Röster. Im Gegensatz zum Heißluftverfahren, bei dem mit höheren Temperaturen in bis zu drei Minuten die Röstung erfolgt, verbleiben nach der bis zu 20 Minuten andauernden Röstung weniger Bitterstoffe in der Bohne. Diese Kaffees haben eine leichtere Säure, sind bekömmlicher und entwickeln einen schönen goldbraunen Schaum. Ziel ist immer, das Beste an Aroma aus der Bohne herauszuholen. Wie gut das in der Rösterei Puricelli gelingt, davon kann man sich im gemütlichen Café selbst überzeugen, denn hier werden alle Sorten ausgeschenkt – und leckere Konditoreiangebote gibt es in feiner Auswahl auch noch dazu.

Kreuzstraße 66, 55543 Bad Kreuznach
www.kaffeeroesterei-puricelli.de
ÖPNV: Linie 201, Haltestelle Salinental, 10 Gehminuten vom Bahnhof Bad Kreuznach

Kaffeerö
Café Inzovu Ruanda
Café Talia Nicaragua
Café
Café
Café
Café

59

Flüssiges Gold aus Samen gepresst

Zöllners Ölmühle

Eine kleine, aber sehr qualitätvolle Ölmühle in der Dessauer Straße unweit des Schlossparks hält die Mühlentradition der Stadt aufrecht. Immer geht es ja darum, aus Pflanzen herauszupressen, was man davon gebrauchen kann. Bei Aurelia und Markus Zöllner war es vor 20 Jahren das Traubenkernöl. Es markiert den Anfang der Geschichte, die den Weinbautechniker zum Ölmüller machte. Längst hat sich das Sortiment, der Nachfrage folgend, erweitert. Im Hofladen, am Freitag auf dem Wochenmarkt oder im Nahe-Lädchen kann man für die Feinschmeckerküche Öl aus Walnuss, Haselnuss, Lein, Kürbis, Mohn, Sesam, Trauben, Aprikosen, Mandeln, Sonnenblumen, Raps, Disteln, Oliven sowie Kräutermischungen und Schwarzkümmel erwerben. Für die Vollständigkeit der Liste kann angesichts der Probierfreudigkeit der Zöllners keine Garantie übernommen werden. Reines Handwerk, biologisch einwandfreie Produkte – das sind die Säulen des Geschäftsmodells von Zöllners Ölmühle. Sämtliche Öle sind kaltgepresst, da wird nichts raffiniert, wie beim Industrieöl. Die Samen werden mit einer Transportspinne in die Mühle befördert und bei geringer Geschwindigkeit und maximal 40 Grad Celsius gemahlen. Es gibt keine Zusätze und auch keine Nachbehandlung. Das Öl wird nur sehr schonend mit Cellulose filtriert und jede Schädigung der Zellen und Veränderung des natürlichen Farbspektrums durch Zentrifugieren vermieden. Um Frische zu gewährleisten, werden nur kleine Mengen verarbeitet. „Die kalte, schonende Pressung garantiert die größtmögliche Menge an Vitalstoffen", weiß Markus Zöllner. Am besten verkaufen sich die Speiseöle. Gern verschenken Kreuznacher*innen das Kreuznacher Würzöl. Senfkörner und Kräuter geben dem Öl einen angenehmen Geschmack. Doch auch für kosmetische Anwendungen werden Öle komponiert. So wird die Kreuznacher Körperlotion „vinum cura" mit Traubenkernöl aus dem Hause Zöllner produziert. Im Hofladen kann man die ganze Vielfalt und das Farbenspiel der verschiedenen Öle in ihren Flakons bestaunen, hat die genussvolle Qual der Wahl und erhält auch gerne das Rezept für die „Ölmühle-Muffins mit Traubenkernöl und Grappa".

Dessauer Str. 14, 55543 Bad Kreuznach
www.oelmuehlezoellner.de
ÖPNV: Linie 203, 241, 242, Haltestelle Holzmarkt/Otto-Zimmer-Platz

Zöllners Ölmühl
Kaltgepresste Speise- und Körperöle
aus kontrolliert biologischem Anbau

60

Hier geht die Kultur nicht den Bach runter

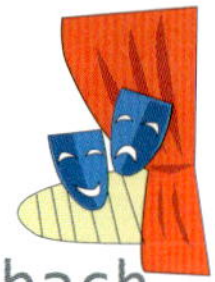

Freilichtkino und Theater am Ellerbach

Zwischen den Häuserzeilen auf den alten Stadtmauern rinnt oder rauscht je nach Pegelstand der Ellerbach durch die Neustadt in die Nahe. Der Bach, die Brücken und die Gebäude bilden das Postkartenmotiv „Klein-Venedig". Wegen des Schwemmgutes hat man das Bachbett befestigt und so eine Bühne geschaffen, auf der sich allerlei spielen lässt: zum Beispiel Freilichtkino. Das haben die Kinoenthusiasten Thomas Donahue, ein Sprachlehrer, und Wolfgang Wobéto, Schauspieler, sofort erkannt, als sie eines der an den Bach grenzenden Häuser bezogen – und Donahue dort das „Sprechzimmer" als Lernort eröffnete. Von hier aus laden sie seit 2011 Jahr für Jahr im August an zwei Tagen zum Freilichtkino ein. Über eine improvisierte Brücke gelangen 350 Zuschauer*innen in den open-air-Kinosaal. Der Projektor steht auf dem Balkon. In der historischen Kulisse schaut das Publikum gebannt auf die Leinwand, auf der ausgewählte Kinoklassiker zu sehen sind. Die beiden erinnern sich, wie es los ging: „Die Idee entstand zufällig bei einem Abendessen auf dem Balkon. Wir hatten einen 16-Millimeter-Film-Projektor und eine Kopie von Polanskis „Tanz der Vampire". Wir wollten den Film einfach mit der Nachbarschaft teilen und dachten: Warum nicht direkt unten am Ufer des Ellerbachs? An dem Abend kamen circa 150 Zuschauer." Jahr für Jahr reisen seitdem im August Cineast*innen an, um Kino im besonderen Ambiente zu erleben. Das Publikum ahnt nicht, wie mühsam es ist, Filme auf Zelluloid aufzutreiben und Stuhl für Stuhl vom Balkon herunterzuseilen. Dabei sorgen die beiden gerne immer wieder für eine besondere Performance. Als sie 2019 das DDR-Drama „Das Leben der Anderen" zeigten, schlüpfte Wobéto in die Rolle des Volkspolizisten – und warnte vorm Flussübertritt. Bei aller Arbeit verlangen sie keinen Eintritt, jede*r bezahlt nur so viel in den Hut wie möglich.
Immer wieder hat „Klein-Venedig" zu Theaterprojekten inspiriert. So ließ der Kulturverein Kreuz und Quer hier François Villon derbe Witze reißen und das Nahe-Theater von Petra Theißen inszenierte einen „Faust" – der ja hier einmal gelebt haben soll. Sicher wird das Ellerbachszenario auch in Zukunft zu neuen Events inspirieren.

Magister-Faust-Gasse 16 (Zugang zum Ellerbach),
55545 Bad Kreuznach, www.sprechzimmer-kreuznach.de
ÖPNV: Linie 203, 241, 251, Haltestelle Stadthaus/VfL-Halle

61

Leidenschaft, Spielfreude, Experimentierlust

Jazz-Initiative Bad Kreuznach e.V

Die Jazz-Initiative zählt seit 25 Jahren mit ihren Open-Air-Konzerten und Clubevents zu den Aktivposten der Bad Kreuznacher Kulturszene. Unter dem Motto „Jazz in der Stadt" steht die Initiative Blue Note für hochkarätige Live-Konzerte, die monatlich Jazzfans begeistern. Sie bietet einerseits eine Plattform für die aktuelle Jazzszene und für Jazzmusiker*innen aus der Region. Andererseits öffnet das enthusiastische Team um Klaus Meese und Fred Steeg die Türen weit für Jazz-Interpret*innen aus der ganzen Welt. Die Reihe „Jazz in der Stadt" wurde mehrmals für ein kulturell herausragendes Live-Musikprogramm von dem Bundesministerium für Kultur und Medien mit dem Spielstättenprogrammpreis „Applaus" ausgezeichnet, der die Clubszene fördert. Die Jazz-Initiative ist zudem Sonderpreisträger für Kultur der Stadt Bad Kreuznach. Das Programm verteilt sich mittlerweile auf zwei Spielorte: Größere Konzerte finden im Konzertsaal „Die Loge" statt, Gigs mit weniger bekannten Formationen dagegen im Gewölbekeller der Nahe-Vinothek.
Lust auf Neues, Vielfalt und Freude an innovativen Programmen sichert den Konzerten ein treues Publikum. Auch die Musiker*innen wissen das Engagement zu schätzen: Als das Jubiläumsjahr mit einem Konzert der Wiesbadener Gruppe Hotel Bossa Nova, einer der aufregendsten europäischen Livebands des World Jazz, endete, schwärmte die Sängerin Liza da Costa von früheren Auftritten in Bad Kreuznach und von Spaziergängen, die sie zu einer Ballade inspiriert haben. Jazz war schon immer ein Schmelztiegel der Musikkulturen und sucht ständig Grenzüberschreitungen. Klassik, Soul, Blues und auch Rap fließen zusammen und treiben immer neue Blüten. Für das Publikum bieten die Konzerte die Möglichkeit zur Naherfahrung von Musik in einer geradezu persönlichen Atmosphäre, bei der jedes Konzert ein Original ist und die Leidenschaft der Interpret*innen, sich „spielend" auf die Zuhörerschaft überträgt. Heimspiele hat immer wieder der in Bad Kreuznach lebende Perkussionist Peter Götzmann, der traditionelle Jazztitel im individuellen Format interpretiert.
(www.jazzinitiative-kreuznach.de)

Haus des Gastes: Kurhausstr. 22-24, 55543 Bad Kreuznach, Nahe-Vinothek, Mannheimer Str. 6, 55545 Bad Kreuznach
ÖPNV: Haus des Gastes: Linie 201, Haltestelle Kreisverwaltung/Badeallee; Vinothek: Linie 203, Haltestelle Holzmarkt/Otto-Zimmer-Platz

62 Die „Gud Stubb“ im Gelsenkirchener Barock

Der Große Kursaal

Eigentlich hätte der Architekt verärgert sein müssen. Aber als der Große Kursaal 1930 eröffnet wurde, war Emanuel von Seidl schon seit elf Jahren verstorben. Der Stararchitekt hatte das neue Hotel Kurhaus als Vierflügelanlage mit Innenhof im Stil eines Barockschlosses geplant und so war es 1913 fertiggestellt worden. Mit einer Ausnahme: Im Westen blieb erst einmal ein altes Badehaus stehen. Es wurde dann anders als geplant durch einen nüchternen dreigeschossigen Flügelbau mit großem Konzertsaal ersetzt. Dabei ist die Fläche dieses Anbaus mit 3.300 Quadratmetern fast so groß wie die des Hotels selbst. Für die Nüchternheit außen wird man innen entschädigt. Das Interieur ist in Gold-, Rot- und Brauntönen gehalten und auch die blaue Bestuhlung trägt Goldrand. Von den umlaufenden Galerien oder der Tribüne bietet sich der beste Blick zur Guckkastenbühne mit einer Fläche von etwa 50 Quadratmetern – geschmückt mit Sonnenornamentik im Goldrausch. Auch Kassettendecke und Beleuchtung im Stil der frühen Siebziger zeigen, dass man gerne am Bewährten festhält. Es ist eben die „Gud Stubb“ des Bad Kreuznacher Kultur- und Gesellschaftslebens. Hier nimmt man das Silvesterdiner ein und stimmt sich mit dem Neujahrskonzert auf das neue Jahr ein. Hier strapazieren die Sitzungen der Großen Kreuznacher Karnevalsgesellschaft mit Witz und Show Sitz- und Lachmuskeln, hier füllt „Bad Kreuznach lacht“ mit seiner Comedy-Benefizshow mit Fernsehikonen den Saal, hier lädt der Tanzsportclub Crucenia zum traditionellen Ball Crucenia ein, ebenso, wie die Abiturient*innen hier ihren Abiball feiern. Ballett, Symphoniekonzerte, Tanz, Pop, Theater, alles findet hier Raum. Im Großen Kursaal erleben die Kreuznacher*innen Festakte, hier finden sich politische Größen bis hin zur Bundeskanzlerin ein. Bis zu 650 Gäste finden im Saal Platz. An größeren Sälen hat die Stadt ansonsten nur Turnhallen und die Pauluskirche zu bieten. Natürlich ist der Kursaal mit seinem Nebensaal, dem Grünen Saal mit Parkblick, auch ein wichtiger Messe- und Veranstaltungssaal im Kurzentrum. Bad Kreuznach ohne die „Gud Stubb“? Undenkbar!

Kurhausstraße 28, 55543 Bad Kreuznach
www.phhotels.eu
ÖPNV: Linie 201, Haltestelle Kreisverwaltung/Badealle

100 JAHRE

63

Hochklassige Musik auf dem Badewörth erleben

Die Pauluskirche als Konzertsaal

Über die Nutzung für den Gottesdienst hinaus hat sich die mehr als 700 Jahre alte Pauluskirche zunehmend zur Konzertkirche entwickelt und nimmt sogar für sich in Anspruch „der größte Konzertsaal der Rhein-Mosel-Region" zu sein. Der barocke Saalbau ist mit einer Empore ausgestattet, die auf einer umlaufenden Säulenreihe ruht. Der von der Ausstattung her eher nüchterne Raum ist der Ort besonderer Konzerterlebnisse. Chor- und Sinfoniekonzerte, feierliche Oratorien, aber auch Gospelevents, Pop, Jazz und Bigband-Musik finden hier einen geeigneten Klangraum. Der Blick der Eintretenden fällt sofort auf den dreigliedrigen Prospekt, den 2012 die Firma Eule aus Bautzen an der Ostwand über dem Altar errichtet hat. Das Instrument lässt musikalisch mit 40 Registern und über 2100 klingenden Pfeifen keine Wünsche offen. So können hier Werke der Orgelmusik vom Barock bis zur Spätromantik auf hohem Niveau zu Gehör gebracht werden. Auf der gegenüberliegenden Seite über dem Eingang befindet eine Oberlingerorgel, die beim Wiederaufbau der Kirche nach den Zerstörungen im Zweiten Weltkrieg errichtet wurde und eher für barocke Musik konzipiert ist. Auf diese Weise verfügt die Pauluskirche über zwei Instrumente und es finden sogar „Stereo-Orgel-Konzerte" statt. Um ein niederschwelliges Erlebnis von Orgelmusik zu ermöglichen, veranstaltet die Kirchengemeinde im Sommer die Reihe „Orgelmusik am Mittwoch".

Ein Muss für viele Kreuznacher*innen ist der Jahresabschluss beim Silvesterkonzert mit Trompete und Orgel. Das macht Lust auf die großen Projekte der seit 1956 bestehenden Kantorei an der Pauluskirche oder den Chor der Konzertgesellschaft, die 1830 gegründet wurde und als ältester Verein der Stadt gelten kann. Beide Vereine führen stimmbegabte Laien unter professioneller Leitung an große Werke der Chorliteratur für Sinfonie- und Chorkonzerte heran. Dazu gehören beispielsweise Gottfried Händels „Messias", die Passionsoratorien von Johann Sebastian Bach, das „Requiem" von Wolfgang Amadeus Mozart, aber auch Vivaldis „Vier-Jahreszeiten" oder „Ein deutsches Requiem" von Johannes Brahms.

Kurhausstraße 2, 55543 Bad Kreuznach
www.konzertgesellschaft-bad-kreuznach.de, www.pauluskantorei-kh.de
ÖPNV: Linie 203, 204, 205, Haltestelle Stadtwerke

64

Ein Kulturzentrum und seine Geheimnisse

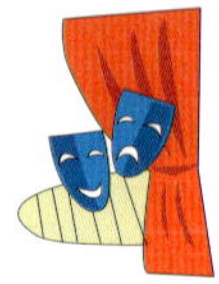

Das Haus des Gastes

Im Kurzentrum fällt unweit des Thermalbades ein markantes Gebäude mit barocker Fensterfront und einem gewaltigen Dach ins Auge. Es ist heute das Haus des Gastes, ein Kultur- und Servicezentrum für Bürger*innen und Gäste. Das Gebäude war ursprünglich eine Freimaurerloge und wurde 1925 eingeweiht. Die Freimaurerlogen des englischen Systems widmen sich seit 300 Jahren einer Philosophie, die der moralischen Persönlichkeitsentwicklung im Kontext mit einer auf Toleranz und Solidarität gegründeten Gemeinschaft höchsten Stellenwert beimisst. Als Psychodramen ausgestaltete Rituale sollen einen Weg der geleiteten Selbsterkenntnis eröffnen. Dass die Logenarbeit in einer Sphäre der Diskretion erfolgen sollte, gab Verschwörungstheorien über das vermeintliche Geheimnis der Logen Nahrung. Bis 1933 war die Loge der „Vereinigten Freunde an der Nahe" ein Sammelbecken führender gesellschaftlicher Kreise. Auch der Baumeister der Kreuznacher Diakonie, Willibald Hamburger, gehörte ihr an und plante das Gebäude. Das Dach übernimmt eine nach dem Merseburger Stadtbaumeister Friedrich Zollinger benannte Dachform. Es ist eine 1922 erstmals praktizierte Rauten-Lamellendach-Konstruktion, die mit leichtem Holz, das ein sehr kleinteiliges Tragwerk bildet, sehr hohe Raumhöhen ohne Stützen überwölben kann. Im Dach befanden sich zwei Ritualräume; in einem kunstvoll als romanisches Gewölbe ausgebauten Untergeschoss fanden die Meisterrituale statt.1935 haben die Nazis die Logen verboten und enteignet. Nach dem Krieg suchte sich die Loge ein neues Domizil. Das Logengebäude wurde nun zum Speisesaal der Rheumaklinik, bis diese 1998 schloss. Der alte Bankettsaal dient seit 2002 als Theatersaal für Kleinkunst und Konzerte, die von der Stiftung Kleinkunstbühne und der Stiftung Barbara und Rudi Müller (Klassik) angeboten werden. Vor das Gebäude kam eine Servicezentrale mit Tourist-Information. Auch dieser Neubautrakt hat ein Geheimnis: Er ist auf der Decke eines Bunkers aus dem Zweiten Weltkrieg errichtet, der sich zwischen Hotel Kurhaus und Haus des Gastes erstreckt und als Befehlszentrale dienen sollte.

Kurhausstraße 22-24, 55543 Bad Kreuznach
www.bad-kreuznach-tourist.de
ÖPNV: Linie 201, Haltestelle Kreisverwaltung/Badeallee

65

Im Zauberwald von Klang und Poesie

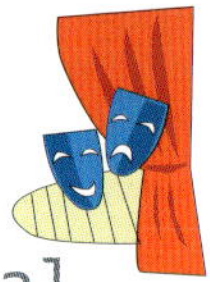

Der Trombacher Hof und das Festival „Neue Ho(e)rizonte“

Auf dem Weg zum Bergbaurevier Lemberg befindet sich im dichten Wald der Trombacher Hof. Die Überreste der Mauern einer Kapelle zeugen davon, dass dies einmal ein Ort verschiedener Klostergemeinschaften gewesen ist. Schon im 14. Jahrhundert, dann unter den Sickingern ab 1500 und erneut im 18. Jahrhundert lebten hier unterschiedliche monastische Gemeinschaften. Der Trombacher Hof war Wallfahrtsort und verfügte mit der spätgotischen Skulptur, „Maria in Ohnmacht“ über ein besonderes Gnadenbild. Die Zeit der französischen Herrschaft nach 1798 beendete diese Nutzung. Ein Fachwerkgebäude, das heute als Wohnhaus dient, wurde unmittelbar danach errichtet. In der örtlichen Überlieferung gilt das Tal des Trombach als „Tal der Nachtigallen“. Und mit Stimmen, Klängen und Musik hat die Opernsängerin Sigune von Osten das Anwesen neu belebt. Sie lebt hier seit 1993 und blickt auf eine erfolgreiche Laufbahn als Sopranistin, Komponistin und Musikkünstlerin zurück. Den Trombacher Hof verzaubert sie seit 1996 jedes Jahr am letzten Augustwochenende mit dem Festival „Parkmusik Neue Ho(e)rizonte“ in einen Experimentierraum für musikalische Grenzüberschreitungen, die „ein Gesamtkunstwerk aus Klängen, Poesie, Architektur, Landschaft, Licht und Raum“ schaffen, wie sie selbst erzählt. Das Festival beginnt mit einem Klang-Kunst-Spaziergang vom Wiesenparkplatz hinter dem Golfclub bis zum Trombacher Hof. Etwa eineinhalb Stunden wandert man an Feldern vorbei, durch Wiesen, Wald, am Trombach entlang zum historischen Klostergut. Hier erlebt man auf verschiedenen Stationen Klangkunstobjekte, Tanz, Trommelperformance, Jazz-Konzerte, Fotoausstellungen und Musik aus anderen Kulturkreisen mit traditionellen oder neu entwickelten Instrumenten. Erholung finden die Gäste beim Picknick im Park. Nach Sonnenuntergang sind die Konzerte in der alten Kapelle ein besonders intensives Erlebnis. „Danach“, so beschreibt es Sigune von Osten, „tritt man hinaus in den illuminierten Hof, atmet die frische Luft, schaut in den sternenklaren Himmel und erlebt die Stille.“

Trombacher Hof, 55583 Bad Kreuznach
www.artpoint-kh.com
nicht mit ÖPNV erreichbar. Vom Golfplatz Drei Buchen 30 Minuten Fußweg

66

Sehen mit den Augen des Malers
Die Turner-Blicke

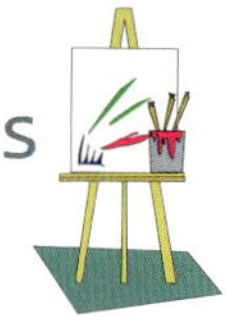

John Mallord William Turner (1775-1851) war einer der bedeutendsten Maler des 19. Jahrhunderts und gilt als herausragender Vertreter der Romantik. Meeresszenen mit und ohne Schiffe, Naturgewalten, dramatische Landschaftsbilder prägen das Œuvre des Engländers. Dem United-Kingdom hat er nicht weniger als 20.000 Arbeiten hinterlassen. Eine Auswahl davon präsentiert die Tate-Gallery. Doch wer nachvollziehen will, wie Turner sich von Landschaften inspirieren ließ und das, was er sah, in Bilder übersetzte, muss nicht nach London reisen, sondern kann an der Nahe bleiben. Der Rotary-Club Bad Kreuznach hat es möglich gemacht: An drei Turner-Punkten sind auf Metallplatten Foliendrucke von Aquarellen genau dort angebracht, wo die Perspektive der Bilder erkennbar wird. Da ist einmal das Bild „Kreuznach an der Nahe". Vom Standort der Alten Nahebrücke zeigt es beide Ufer des Hauptarms der Nahe mit dem Kauzenberg mit der Ruine und der Bebauung der Klappergasse einerseits, das andere Naheufer mit der Pauluskirche andererseits. Dabei hat der Maler zwei verschiedene Perspektiven kombiniert, wie der Initiator der Aktion, der Künstler Gernot Meyer-Grönhof erläutert. Einmal stellte er die Kauzenburg mit Blickwinkel von unten, dann wieder die Pauluskirche von oben gesehen dar. Eine Bleistiftskizze wurde in Aquarellfarben ausgearbeitet. Konturen beginnen sich in Farbe und Licht aufzulösen, Formen verschwimmen und verschwinden im Licht. Letzteres gilt noch viel mehr für die Bilder „Bad Münster" mit Rheingrafenstein und Ebernburg beiderseits der Nahe und „Ebernburg" mit der Ebernburg und dem Rotenfels auf den gegenüberliegenden Ufern. Immer war die Nahe bei den Bildern das verbindende Element. Mit seiner Farbgebung in rot, gelb und violett scheint es fast, als sei der Magmastrom, der die Landschaft formte, wieder ausgebrochen. Die Bilder hat Turner als 70jähriger auf einer Rheinreise in die Schweiz im Jahr 1844 geschaffen. Im Werkverzeichnis wurden die beiden Arbeiten mit der Ebernburg irrtümlich dem Tirol zugeordnet. Der Fehler ist angesichts des alpinen Landschaftsbildes verständlich.

Alte Nahebrücke, zwischen Mannheimer Str. 86 und 88, 55545 Bad Kreuznach; weitere Standorte: Ecke Nahestraße/Kapitän-Lorenz-Ufer, 55583 Bad Kreuznach (Stadtteil Bad Münster a. St.-E.), Pouilly-Brücke, 55583 Bad Kreuznach (Stadtteil Bad Münster a. St.-E.)

67

Heiraten, fast wie beim Märchenkönig

Das Museum Schlosspark

Das hätte sich Prinzessin Amalie von Anhalt-Dessau (1720-1793) nicht träumen lassen, als sie 1768 ein ruinöses Wasserschloss erwarb: Dass hier einmal bürgerliche Brautpaare sich das Ja-Wort geben würden. Wer für die standesamtliche Hochzeit in Bad Kreuznach ein besonderes Ambiente sucht, der entscheidet sich oft für das Jagdzimmer. Ein späterer Eigentümer – der Industrielle Carl Puricelli – erwarb das Anwesen 1881 und wollte seinen Kultursinn beweisen, indem er den Münchner Hofschreinermeister und Möbelfabrikant Anton Pössenbacher mit der Gestaltung des Arbeitszimmers als Jagdzimmer beauftragte. Der hatte unter anderem auch schon Schloss Neuschwanstein für König Ludwig II. möbliert. Pössenbacher schuf die Kassettendecke, ornamentierte Parkettböden, Wanderverkleidungen und Einbaumöbel mit kunstvollen Schnitzereien. Der Blick durch das Fenster fällt auf den malerischen Weiher. Er gab dem schon 1326 erwähnten Bau den Namen: Haus am Wasser. Dort wird für die Hochzeitsfotos posiert. Was die Brautpaare heute erfreut, blieb Amalie verwehrt: eine standesgemäße Hochzeit. Wegen der Liebesbeziehung zu einem Förster, aus der ein Sohn hervorging, musste sie zeitlebens den Hof des Fürsten von Dessau verlassen und schließlich in das Exil in die Reichsstadt Frankfurt gehen. Nicht einmal eine sorgende Mutter durfte sie ihrem früh verstorbenen Sohn sein. Finanziell jedoch war sie sorgenfrei, sammelte Kunst und betätigte sich als Agrarunternehmerin – und so erwarb sie das Rittergut Bangert, den heutigen Schlosspark.

Nach wechselhafter Geschichte und wiederholtem Umbau, stellt sich das Museum Schlosspark heute als Gesamtkunstwerk dar. Mit vielen Gemälden erzählt es anschaulich Stadtgeschichte, die Glaskunst von Ida Paulin im Jugendstil bezaubert. Vor allem aber sind Skulpturen der 150 Jahre lang international tätigen Kreuznacher Bildhauerdynastie Cauer zu sehen. Beginnend mit den biedermeierlichen Genredarstellungen von Emil Cauer d. Ä. (1800–1867) zeigt die Sammlung Werke auch der folgenden Generationen: kleinformatige Genreplastik, Porträtbüsten, Grabmalplastik, Denkmäler und Baukunst.

Dessauer Str. 6, 55545 Bad Kreuznach
www.bad-kreuznach.de/schlossparkmuseum
ÖPNV: Linie 203, Haltestelle Schlosspark

68 Aus Liebe zur zeitgenössischen Kunst

Galerie K

Klaus Nordmann hat sich in seinem Leben nie gescheut, etwas anzufangen, worüber andere nur den Kopf geschüttelt haben. Mit dem Motorrad ist er schon durch Afrika gefahren, als bei den meisten Deutschen der Finger auf dem Autoatlas nur bis „Bella Italia" rutschte. Mit der Galerie K hat Klaus Nordmann vor mehr als zehn Jahren in einer Situation neu angefangen, in der andere aufgegeben hätten. Nach einer kurzen Unterbrechung für den Umzug setzt er mit dem Neubeginn eine seit 1880 anhaltende Familientradition als Galerist und Rahmenbauer fort. Und sein Thema wird die zeitgenössische Kunst. Als es für die dreigeschossige Galerie in der Mannheimer Straße keine wirtschaftliche Fortführungsperspektive gab, weil seit den Neunzigern die Kund*innen, die bereit waren, für zeitgenössische Kunst Geld auszugeben, schwanden, verkleinerte er sich und siedelte zum Dienheimer Hof am Eingang der Fußgängerzone am Bocksbrunnen um. Die Fensterfront gibt den Blick frei auf großformatige abstrakte Arbeiten und archaisierende Skulpturen. Den Blickfang bildet derzeit eine Stele, die einen Reiter zeigt, der mit dem Pferdekörper eine Einheit bildet. Was wie Holz wirkt, ist in Wahrheit torsierte Bronze. Viel Licht setzen die Kunstwerke in Szene und auch im Untergeschoss ist Raum für weitere Exponate. So ist die Galerie K an sechs Tagen in der Woche ein offenes Haus und Schaufenster der zeitgenössischen Kunst. Nordmann hat eine klare Linie als Galerist. Er findet „seine" Künstler*innen auf der Art Karlsruhe oder auf der Art Cologne, er baut eine verbindliche Beziehung auf und begleitet seine Schützlinge auf Dauer. Mehr als 60 Kunstwerke gilt es in der Galerie K zu entdecken. Und die wollen verkauft sein, Vernissagen dienen als Appetitmacher. Seit 1979 ist Nordmann als Galerist in Bad Kreuznach tätig. Er ist hier der letzte seiner Art – und er will nicht, dass die Tradition endet, die 1880 begann, als sein Urgroßvater Heinrich Karl Becker den Kunsthandel gründete. Nach dem Tod des Vaters Heinrich Karl führten zwei Töchter den Handel durch die Krisenjahre der Zwanziger und Dreißiger in die Nachkriegszeit, bevor ab den Fünfzigern die besten Jahrzehnte der Galerie begannen, die bis 1990 anhielten.

Mannheimer Str. 6, 55545 Bad Kreuznach
www.galerie-k-n.de; ÖPNV: Linike 203, 241, 242, Haltestelle Hochstraße/Otto-Zimmer-Platz

60

69

Faszinierende Figurenkunst

Das Museum für PuppentheaterKultur (PuK)

Im Foyer befindet sich eine Schwarz-Weiß-Fotografie. Sie zeigt den ganzen Zauber des Puppentheaters. Da sitzen in den 1950er-Jahren Jungen und Mädchen, reife Frauen, wettergegerbte Männer in Alltagskleidung auf Holzbänken. Sie blicken auf eine unsichtbare Bühne und sie lachen, hemmungslos, begeistert, jeder auf seine Art. Das Puppentheater hat sie in seinen Bann geschlagen und reißt sie mit, in eine andere Welt. – Der Begeisterungsfähigkeit und der Anziehungskraft dieser Kunstform widmet seit 2005 das Museum für PuppentheaterKultur (PuK) seine Ausstellung, die sich auf 2500 Exponate aus einzigartigen Privatsammlungen stützen kann. – Die großen und kleinen Besucher*innen begegnen Theaterfiguren in vielfältiger Gestalt. Berühmtheiten verschiedener Generationen wie Käpt'n Blaubär und Hein Blöd, der „Hohnsteiner Kasper", „Robbi, Tobbi und das Fliewatüüt", handfest geschnitzte Holzköpfe, filigrane Schattenfiguren oder gar höllischen Furien sind kleine Abenteurer, die auf über 900 Quadratmetern Ausstellungsfläche in ihre faszinierende Welt entführen. Ganze Ensemble für Märchen, Opern oder modernes Theater werden mit Marionetten, Stabpuppen oder Handpuppen inszeniert. Puppentheater-Kultur aus aller Welt und die Bandbreite der Figurenkunst des 19./20. und 21. Jahrhunderts in Deutschland werden in der aufwändig gestalteten Dauerausstellung präsentiert, die Entwicklung des Puppentheaters von volkstümlicher Unterhaltung zu einer eigenständigen Theatergattung veranschaulicht. Staunen lassen Großfiguren aus Italien oder aus Indonesien. – Selbst ausprobieren, Filme anschauen, in einer Geräuschstation mit Klängen experimentieren, bei den Hörstationen den Stimmen der Puppenspieler*innen lauschen, das alles gehört dazu. Aktuelles Puppentheater in seiner ganzen Vielfalt erleben die Gäste im Museumstheater. Ob nun ein Märchen für alle Generationen gezeigt wird, oder ein literarischer Stoff ins Puppenspiel übertragen wird – immer neu wiederholt sich die Puppentheater-Magie: Vorhang auf, Spot an, das Spiel beginnt und es ist so, ganz gleich, ob man die Puppenspieler sieht oder nicht, als lebten die Figuren wirklich.

Hüffelsheimer Straße 5, 55545 Bad Kreuznach
www.bad-kreuznach.de/puk
ÖPNV: Linie 203, Haltestelle Schlosspark

agieren lassen. Sieben Fäden an einem senkrechten
Führungskreuz hielt ein sächsischer Prinzipal dafür in seiner
Hand.
Pendel als Voraussetzung für perfekte Marionettenführung.
Bildhauer.

70

Die Bildhauerfamilie Cauer
Das Cauer-Haus

An einer lauten Kreuzung am Rande des Kurviertels von Bad Kreuznach steht, unscheinbar hinter einer Mauer verborgen, ein zweigeschossiges, spätklassizistisches Haus. Ein malerischer Garten mit kunstvollem Brunnen macht neugierig. Nur das einige Meter entfernt stehende Atelier zeugt davon, dass hier einst eine im 19. und 20. Jahrhundert einzigartige Bildhauerdynastie über 150 Jahre lebte und arbeitete: die Bildhauerfamilie Cauer. Betritt man das Gebäude, so fühlt man sich sofort in die Vergangenheit zurückversetzt. In Vitrinen an den Wänden stehen Statuetten, und im Musikzimmer wartet noch immer der original erhaltene Flügel der Familie darauf, bespielt zu werden. Emil Cauer, der um 1800 in Dresden geborene Sohn einer Ärztefamilie legte den Grundstein für die Bildhauerdynastie, als er im Jahr 1832 mit seiner Familie nach Bad Kreuznach übersiedelte, wo er neben seiner Anstellung als Zeichenlehrer am Königlich-Preußischen Gymnasium ein Atelier betrieb, in dem er Büsten und Statuetten schuf und seine Söhne Carl (1828–1885) und Robert (1831–1893) ausbildete. Ihre bedeutendste Zeit erlebten die Cauers während der Schaffenszeit der dritten Generation. Vier der fünf Söhne von Carl Cauer und Stanislaus Cauer, ein Sohn von Robert Cauer dem Älteren wurden zu Bildhauern ausgebildet. Ihre Arbeiten sind an vielen Stellen im öffentlichen Raum oder auch im Museum Schlosspark zu finden. Die letzte Bildhauerin der Künstlerfamilie war Hanna Cauer (1902–1989), die einzige Bildhauerin der Dynastie. Schon mit vierzehn Jahren hatte sie, ausgebildet von Max Slevogt, ihre erste Ausstellung im Atelier von Max Liebermann. Sie zählte in den 1930er Jahren zu den herausragenden Talenten der deutschen Bildhauerei. Da sie sich in den Dienst der Nazi-Diktatur stellte, kam es nach 1945 zum Karrierebruch. Doch schon mit dem Ende der aristokratische Kur 1914 sank der Stern der Cauers.

Die verbliebenen Gebäude des Ateliers der Familie Cauer, nur der Teil eines sehr viel größeren Komplexes, werden heute durch die Cauer-Gesellschaft und die Stiftung Denkmalschutz gepflegt, die auch den Garten liebevoll restauriert hat. Hier bringen Vorträge, Kammerkonzerte und Kunstseminare wieder Leben in das Domizil der Cauers.

Rheingrafenstraße 1, 55545 Bad Kreuznach, www.cauer-haus.de
ÖPNV: Linie 203, Haltestelle Kreisverwaltung/Badeallee
(direkt an der Haltestelle)

71

Magie und Farbenspiel der Steine

Der Steinskulpturenpark mit Museum in Ebernburg

Eine Symbiose von Kunst und Landschaft ist das Steinskulpturenmuseum mit Skulpturenpark der Fondation Kubach-Wilmsen in Ebernburg. Vor der mächtigen Porphyrsteilwand des Rotenfelsmassivs auf der anderen Seite der Nahe hat das Künstlerpaar Wolfgang Kubach und Anna Kubach-Wilmsen auf einer Anhöhe seinem Lebenswerk einen Raum geschaffen und einen Landschaftspark mit Steinskulpturen und Museum kreiert. Die beiden Skulpturenbildner*innen arbeiten nach Beendigung ihres Studiums seit 1965 gemeinsam und haben sich ganz darauf konzentriert, Formen für Steinobjekte zu finden, die Farbe, Gewicht, Oberfläche und Struktur – und somit den gesamten Materialcharakter – im Höchstmaß zur Wirkung bringen.

Erdadern tauchen wie Griffe aus der Tiefe auf und verschwinden wieder, Bücher türmen sich vielfarbig zum Himmel, Marmorsäulen wirken wie körperliche Erscheinungen, steinerne Folianten schmiegen sich weich an den Boden. Immer wieder kommunizieren die Steinobjekte mit dem faszinierenden Landschaftsraum, indem Öffnungen Durchsicht gewähren. Schier unerschöpflich ist der Variationsreichtum der in vielen Ländern zu findenden Bücherskulpturen hinsichtlich des verarbeiteten Materials und seines Farbenspiels. Kubachs verwirklichten hier die Idee einer steinernen Bibliothek der Erdgeschichte, für die sie Material aus allen Kontinenten auf Reisen zusammentrugen – stets auf der Suche nach neuem Werkstoff.

Ein Museum hat die Stiftung nach Plänen des japanischen Stararchitekten Tadao Ando integriert. Sein Credo ist eine Bauphilosophie, die sich an den natürlichen Elementen orientiert. Er verband eine historische Scheune mit puristischem Sichtbeton und schuf den Kunstwerken einen lichtdurchfluteten zur Landschaft geöffneten Raum mit einem Wasserbassin. Andos Architektur aus Holz, Glas und Beton bildet ein kongeniales Gehäuse für 65 Kunstwerke. Es vereint die bodenständige Robustheit des Materials Holz, mit makelloser Reinheit der Betonflächen und der Öffnung zu Licht und Außenraum.

Heilquelle 1, 55583 Bad Kreuznach (Stadtttteil Bad Münster am Stein-Ebernburg)
www.fondation-kubach-wilmsen.de
ÖPNV: Linie 201, Haltestelle Ebernburg Schule

Nicht die Kameradschaft, nur das Überleben zählt

Die Durst-Gruppe auf der Roseninsel

Zwei Soldaten in Tropenuniform ringen um einen Schluck Wasser. Der eine steht aufrecht, führt mit der linken Hand den Helm wie ein Trinkgefäß zu den Lippen, um seinen Durst zu löschen. Mit der Rechten drückt er den Kameraden nieder, der seinen Arm weit in Richtung Helm ausstreckt. Sein Körper scheint sich wie eine Schlange um den Trinkenden zu winden. Die auf diese Weise einander abstoßenden, miteinander ringenden Figuren sind im Kampf um Leben und Tod verbunden – nur einer wird siegen.
Die Bronzeskulptur des Bildhauers Ludwig Cauer aus dem Jahr 1892 zeigt den Augenblick der Auflösung soldatischer Disziplin und als die Grenze von Kameradschaft und Opferbereitschaft den Selbsterhaltungstrieb der Soldaten. Ludwig Cauer (1866–1947) hat hier eine Skulptur geschaffen, die aus der Zeit fiel, in der soldatische Gesinnung in der Werteskala ganz oben stand.
Das Kunstwerk schuf Cauer bei einem Aufenthalt in London. Die Szene ist angesiedelt im Burenkrieg von 1880–81. Es fand bei der Royal Academy große Anerkennung und trat danach einen Siegeszug durch zahlreiche Ausstellungen in Europa an. Es galt als herausragendes Beispiel einer dynamischen, expressiven Bildhauerkunst, die die tote Materie scheinbar zum Leben erweckt und in Bewegung bringt. Doch bei aller Anerkennung fand sich kein Käufer. 1909 erwarb der preußische Staat die Skulptur. Da sich gegen die Aufstellung des Kunstwerks aber politische Bedenken regten – weniger der Aussage des Denkmals als außenpolitischer Rücksichten wegen – war die Aufstellung in Ludwig Cauers Heimatstadt am Rand des preußischen Königreiches und eben nicht in Berlin eine Notlösung. Cauer wählte als Standort die Roseninsel, die gerade neu angelegt worden war. Bis heute steht die Durst-Gruppe dem Springbrunnen gegenüber. Seit der Umgestaltung für den Hochwasserschutz befindet sie sich am Anfang eines neu geschaffenen Laubengangs aus Rosenpflanzen. Hier kann man trefflich um das Kunstwerk herumgehen, das von jeder Seite betrachtet sein will. Zauberhaft ist der Anblick der Bronzeskulptur, wenn Tautropfen in den Morgenstunden die Metalloberfläche in Silberglanz zu kleiden scheinen.

Priegerpromenade, 55543 Bad Kreuznach
www.bad-kreuznach-tourist.de
ÖPNV: Linie 201, Haltestelle Oranienpark

73

Ein Bahnhof als Schaufenster der Kunstwelt

Künstlerbahnhof Ebernburg

Ein Bahnhofsgebäude aus hellbraunem Sandstein steht direkt an der B 48 an der Einfahrt nach Ebernburg. Es gehört zu einem Eisenbahnviertel, das bis 1871 durch die Eröffnung der Alsenzbahn entstand. Militärisch von großer Bedeutung, erlaubte es diese linksrheinische Alternativstrecke einen Teil des hochfrequentierten Rheintals zu umfahren. Die Besonderheit war dabei, dass der Bahnhof bis 1945 direkt an der preußisch-bayerischen Grenze stand, was noch heute durch ein Wappenfeld symbolisiert wird. So gesehen war das der einzige wirkliche rheinland-pfälzische Bahnhof. Die letzte Stunde hatte für den Bahnverkehr allerdings geschlagen, als Bad Münster am Stein und Ebernburg 1969 zu einer Stadt zusammenwuchsen. Der Ebernburger Bahnhof – wenige Hundert Meter entfernt von seinem Pendant in Bad Münster - wurde geschlossen.
Die Haltestation war ein Tor zur Welt und sollte es bleiben. Die Max und Herta Kuna-Stiftung erwarb den Bahnhof und machte ihn zum Schaufenster der Kunstwelt. Der Unternehmer Max Kuna und der Bürgermeister Walter Schaust initiierten das Stipendiatensystem. Jahr für Jahr können sich internationale Bildende Künstler*innen für einen Aufenthalt bei freier Wohnung bewerben, einen Monat arbeiten, einen Monat ausstellen – und sich dabei von der spektakularen Landschaft inspirieren lassen. Das war vor ziemlich genau 40 Jahren und seitdem hat dieser Plan, realisiert durch einen Förderverein, allen Unkenrufen zum Trotz reiche Früchte getragen. Jedes Jahr gehen Dutzende Bewerbungen für die drei Stipendiatenstellen ein. Über 160 Künstler*innen schufen und präsentierten seit 1979 Malerei der unterschiedlichsten Techniken, Bildhauerei, Fotokunst, Installationen und Töpferei. Sie haben die Naheregion in bester Erinnerung behalten. Von allen Stipendiat*innen wurde mindestens eine Arbeit angekauft. So sind die Ausstellungen und die Sammlung eine Chronik der Trends der zeitgenössischen Kunst der 1980er-Jahre bis heute. Ausstellungen regionaler Künstler*innen, Filme, Konzerte, Workshops und Theater ergänzen das Konzept und machen den Künstlerbahnhof zur Drehscheibe der Kreativität.

Berliner Str. 77, 55583 Bad Kreuznach (Stadtteil Bad Münster am Stein-Ebernburg), www.kuenstlerbahnhof-ebernburg.de
ÖPNV: Linie 201, Haltestelle Bahnhof Ebernburg

74

Wissen aus den Quellen schöpfen
Das Haus der Stadtgeschichte

Zeugnisse der Stadt und ihrer Bürger – die findet man im Haus der Stadtgeschichte. Über 1000 Regalmeter Authentisches über und aus dem Leben in Kreuznach über Jahrhunderte hinweg, das ist das Pfund des Stadtarchivs. Es wirbt als Haus der Stadtgeschichte, nicht als Archiv, da sich mit diesem Begriff das Vorurteil verbindet, langweilig und altbacken zu sein. Das Gebäude liegt in der Fußgängerzone mitten in der Stadt. Das umgebaute Warenhaus am Löwensteg ist ein moderner Bau: Große Schaufenster lenken den Blick nach innen, vermitteln Transparenz. Mit dem vis à vis stehenden Kunstwerk von Levent Kunt, vermittelt das Ensemble Modernität und Gegenwartsbezogenheit. Geschichte ist bunt, spannend, unterhaltsam, beeindruckend und bedrückend – sie nimmt gefangen und lässt niemanden unberührt. Menschen aus dem In- und Ausland nutzen das Archiv, um nach Spuren ihrer Vorfahren zu suchen. Forscher, Schüler und Heimatinteressierte tauchen ein in die Überlieferung der städtischen Verwaltung und der bürgerschaftlichen Nachlässe und nutzen sie für Buch-, Ausstellungs- oder Schulprojekte. Das Haus hält Informationen bereit, die bis ins 11. Jahrhundert zurückreichen: Urkunden, Amtsbücher, Akten, Stadt- und Baupläne, Plakate, Postkarten, Zeitungen, Briefe und Tagebücher, Architekten- und Vereinsnachlässe. Das Stadtarchiv ist für jeden zugänglich. Es versteht sich als Forschungs- und Begegnungsraum für alle Altersklassen, Einheimische und Zugereiste, für Geschichts- und Kulturinteressierte, überhaupt für alle, die einfach neugierig darauf sind, was die Stadt in Sachen Geschichte zu bieten hat. Damit ist das Haus der Stadtgeschichte ein Identitätsstifter. Im Benutzerraum ist freier WLAN-Zugang vorhanden. Eine kleine Leseinsel lädt zum Lesen der Tageszeitungen oder zum Schmökern in Büchern aus der Fachbibliothek ein. Zugang und Benutzung sind kostenfrei. Ein Bereich des Multifunktionsraums wird für Ausstellungen, Vorträge und Projekte, z.B. Gesprächsrunden zu historischen Themen, genutzt. Über die Website des Archivs können Nutzer*innen online die Akten bestellen, die sie einsehen möchten. Und man kann sich beim Durchblättern der Seiten richtig Appetit holen.
(Text: Franziska Blum-Gabelmann, M.A.)

Mannheimer Str. 189, 55543 Bad Kreuznach, www.bad-kreuznach.de
ÖPNV: Linie 203, 204, 224, 440 Haltestelle Lina-Hilger-Gymnasium, 4 Gehminuten von Bahnhof und Busstation

Von gertzen gnt Sintzig
Dochter zu Eltz
Faust von Stromberg
Wolff von Sponheim
Von Wildenstein
Hund von Sa heim
Stadt Creutznacher
Frucht Zoll Bu
Angefangen den 8t
1745
und Beendiget den
20. 6. 1

75

Wo in alten Mauern Flügel wachsen

Atelier und Malschule „Art-Praxis"

Mitten in den engen Gassen der Neustadt steht bescheiden in einer Häuserzeile aus dem 19. Jahrhundert ein unter Denkmalschutz stehendes Gebäude, in dem Männer und Frauen sich neue Horizonte und die grenzenlosen Möglichkeiten der Kunst erobern können. Es ist die „Art-Praxis" – die Kunstschule von Gernot Meyer-Grönhof –, die sich seit mehr als 20 Jahren hier befindet, aber als Schule auf 43 Jahre zurückblicken kann. 16 bis 82 Jahre jung sind die Schüler*innen, die hier unter Anleitung des Künstlers ihre eigene Kreativität in den Maltechniken Ölmalerei, Aquarell, Pastellkreide oder Acryl entdecken. Gernot Meyer-Grönhof, gebürtiger Bad Kreuznacher, hat somit Hunderten Frauen und Männern auf den Pfad der eigenen Bildfindung geholfen. Sein Atelier ist immer wieder auch Ausstellungsraum eigener Werke und für die Arbeiten anderer Künstler*innen. Diese Ausstellungspraxis begreift er als Beitrag zur Vitalisierung der Neustadt, die ihm ungemein am Herzen liegt. Der Künstler stellt sich und seine Kunst bewusst in den öffentlichen Raum. So gibt er auch Bildhauerkurse auf dem Kuhberg und gestaltet die Galerie Alte Nahebrücke mit überlebensgroßen Objekten. In Bildern fängt er den Zauber der Landschaften rund um Bad Kreuznach ein und versteht es, die wechselnden Lichtstimmungen und das Farbenspiel der Natur aufzuspuren. Eine Hommage an die Stadt sind vor allem seine Aquarelle, die städtebauliche Situationen festhalten. In seinem Œuvre stehen nebeneinander der Appell gegen Gewalt und Krieg mit sich selbst deformierenden anthropomorphen Gestalten in Acrylmalerei, Blumenbilder, 3-D-Wandobjekte und konstruktive abstrakte Malerei. Kunst zu den Menschen zu bringen, das bedeutet für ihn, Malperformances und Live-Malimprovisationen zu Musik zu gestalten. Im öffentlichen Raum ist er mit vielen Plastiken vertreten. Dazu gehören das Bildnis einer Diakonisse ebenso wie eine Edelstahlsilhouette der Brückenhäuser oder Licht-Kunst-Objekte, sieht er doch – wie seine Ausstellung Sun Secrets 2012 zeigte – die Arbeit mit Licht als das zentrale Thema der Bildenden Kunst. Blickt er so nach vorne, vergisst er die kulturelle Tradition nicht und pflegt das verbliebene Erbe der Bildhauerdynastie Cauer.

Schuhgasse 5, 55545 Bad Kreuznach,
www.meyer-groenhof.de
ÖPNV: Linie 203, 242, Haltestelle Stadthaus/VfL-Halle

76

Bücher lesen, Leute treffen, Infos online besorgen

Die Stadtbibliothek

In der Glasfassade spiegelt sich der klassizistische Altbau, davor stehen auf einem Platz bunte Stühle um eine Edelstahlskulptur herum. Von der Terrasse des Kinobistros dringt Stimmengewirr herüber, Leute mit Tüten schlendern vorbei, Kinobesucher*innen eilen zur Kasse und Kinder parken ihre Fahrräder - sie wollen zur Stadtbibliothek. Im Zentrum von Bad Kreuznach ist ihr Angebot so vielfältig wie das Leben um sie herum. Ab dem Kita-Alter versorgt man sich hier mit Büchern, Comics, Hör-CDs, Filmen oder lädt - wenn man etwas älter ist - E-Books herunter. Doch die Stadtbibliothek ist nicht nur der Ort, wo man Medien sucht, findet und ausleiht. Sie ist für die 135.000 Besucher*innen im Jahr ein Begegnungsraum, wo man sich trifft, plaudert, Kultur erlebt und Neues entdeckt. Damit ist sie mit dem Thermalbad die am meisten besuchte städtische Einrichtung. Hier reinzuschauen, gehört einfach zum Wochenprogramm. Dabei ist die Architektur ein echter Hingucker. Das altehrwürdige leerstehende Gebäude eines ehemaligen Heimatmuseums wurde bis 1994 um einen Neubau erweitert, sodass Tradition und Moderne hier ebenso zusammenfanden wie in den Bücherregalen. Letztlich sei die Stadtbibliothek auferstanden wie der Phoenix aus der Asche, sagt Bibliotheksleiter Stefan Meisel, und spielt damit darauf an, dass die alte Bibliothek im Kurgebiet 1989 ein Opfer von Brandstiftung wurde. Das Angebot an Belletristik, Sachbüchern und Zeitschriften ist riesig und wird dank eines Fördervereins immer up to date gehalten. So ist das Medienzentrum in der Kreuzstraße ein offener und einladender Ort für Menschen aller Generationen und Kulturkreise: Schüler*innen treffen sich dort zum Lernen, bildungshungrige Menschen begegnen einander beim Speed-Dating, schon Kitas und Grundschulklassen entdecken bei altersgerechten Führungen die Vielfalt der Bibliothek. Arbeitssuchende recherchieren über das Internet nach Stellen. Manche*r kommt, weil man weiß, wen man hier treffen kann. Man besucht Ausstellungen, Vorträge und Lesungen für unterschiedliche Zielgruppen. Die Anbindung an das online-Verleihsystem eröffnet den Zugang zu Medien sogar landesweit.

Kreuzstraße 69, 55543 Bad Kreuznach, www.bad-kreuznach.de
ÖPNV: Linie 201, 221, Haltestelle Salinenplatz oder Kreisverwaltung/Badeallee, 10 Gehminuten vom Bahnhof Bad Kreuznach

77

Archiv der Heimatliebe und Schatzhaus der Bücher

Der Wolfgangschor

„Ja, da musste ich schon mal einem herunterhelfen, der Höhenangst bekam", erzählt Julius Reisek, Bibliothekar der Heimatwissenschaftlichen Zentralbibliothek. Er meint die Regale, die sich über drei Stockwerke an den weiß getünchten Wänden hochranken – vollgepackt mit Druckwerken, deren hohes Alter man den schmucken Buchrücken ansieht. Eine Wendeltreppe erschließt die Stockwerke, wer nach unten schaut, den packt schon mal ein Schwindelgefühl. Hier können sich Angehörige des Gymnasiums zu Geschichte und Landeskunde der Region aus 80.000 Büchern und Zeitschriftentiteln, die digital verschlagwortet sind, informieren. Hier steht der Bibliothekar mit Rat und Recherche bereit, um alle denkbaren Fragen zur Geschichte von Stadt und Kreis zu beleuchten. Wer immer ein Forschungsvorhaben hat, Material für Referate oder Artikel benötigt, steuert die Bibliothek an und findet kompetente Unterstützung und oft Literatur, die sonst nur mühsam und zweitaufwendig zu beschaffen wäre. Vereint seit 1990 sind im Chor der ehemaligen Klosterkirche St. Wolfgang einerseits die Schulbibliothek des Gymnasiums an der Stadtmauer, die auf Bestände zurückgreifen kann, die bis in das 16. Jahrhundert zurückdatieren und andererseits die große Sammlung des Vereins für Heimatkunde. Er sammelt seit 1856 Literatur zur Heimatkunde. Nur dieser Chor ist erhalten geblieben vom Franziskanerkloster, das der Kurfürst von der Pfalz 1472 stiftete. Zeitweise wurde das Kloster aufgehoben, nach dem 30-jährigen Krieg durch französische Truppen, 1689 sogar vollständig – mit Ausnahme des Chors – zerstört. Im Jahr 1715 wurde die Kirche prachtvoll neu aufgebaut, um dann 1944/45 durch Bomben endgültig zerstört zu werden. Im Gymnasium an der Stadtmauer, das als ältestes Gymnasium der Stadt 1819 anstelle des aufgehobenen Klosters eingerichtet wurde, erinnert der umgestaltete Chor an die wechselhaften Geschicke dieses bedeutenden Ortes der Stadtgeschichte. Auf dem Schulhof ist übrigens auch noch ein großes Stück der mittelalterlichen Stadtmauer zu sehen. Durch eine Pforte in der Mauer gelangten Hilfesuchende einst zum ersten Hospital der Stadt.

Hospitalgasse 6, 55543 Bad Kreuznach
www.heimatkundeverein-kh.de
ÖPNV: Linie 201, Haltestelle Salinenplatz; 5 Gehminuten vom Bahnhof

78

Auge in Auge mit Würfelnatter, Smaragdeidechse und Gottesanbeterin

Die Naturstation Lebendige Nahe

Die Naheregion - vor allem auch die Flusslandschaft - ist der Lebensraum vieler bedrohter Tier- und Pflanzenarten. So ist das Flussufer von Niederhausen bis zum Kurpark Bad Kreuznach als Naturschutzgebiet ausgewiesen, weil dies der größte noch vorhandene Lebensraum der Würfelnatter in Deutschland ist. Diese ungiftige Wasserschlange kommt normalerweise in Asien oder in Süd- und Südosteuropa vor, sie lebt an klimatisch begünstigten naturnahen Flussläufen und jagt dort Fische und Insekten. Menschen sehen das 80 bis 100 Zentimeter lange Tier nur, wenn es sich auf Steinen am Ufer sonnt. Die ehrenamtlich geführte Naturstation in einem Seitenflügel des Kurmittelhauses hat es sich zur Aufgabe gemacht, vor allem Kindern und Jugendlichen, die Naturschätze ihrer Heimat nahezubringen. Im Sommerhalbjahr können die Besucher*innen in Terrarien und Vitrinen die Würfel- und harmlose Schlingnatter beobachten (sie liebt Weinberge), sie können Amphibien wie Feuersalamander, Smaragdeidechse, Berg- und Teichmolch, dem Laubfrosch oder der Gelbbauchunke begegnen. Selbst der Anblick einer Gottesanbeterin dürfte nur wenigen vergönnt sein - schon gar nicht der des Urzeitkrebses, dessen Art schon zur Zeit der Dinosaurier lebte. Außerdem informiert eine Heimatausstellung über die Geschichte des Bergbaus und der Salzgewinnung an der Nahe. Kultur- und Naturlandschaft stehen in enger Verbindung zueinander. Im Schmittenstollen im Lemberg überwintern nicht nur Zwergfledermäuse, sondern auch die Würfelnattern aus der Naturstation wegen der gleichbleibenden Temperaturen im Berg. Die Naturstation erfreut sich insbesondere bei Kindern und Schulen zunehmender Beliebtheit. Eine Pädagogin bietet ehrenamtlich Führungen an. Nach dem Input in der Naturstation erleben die Kinder bei einem Spaziergang die Natur mit angeregter Achtsamkeit.
Sie ist auch als außerschulischer Lernort im Netzwerk „Schulnahe Umwelterziehungseinrichtungen Rheinland-Pfalz" anerkannt. Für das Publikum ist die Naturstation von April bis Oktober am Samstag, Sonntag und an Feiertagen offen.

Salinenhof 4, 55583 Bad Kreuznach (Stadtteil Bad Münster am Stein-Ebernburg), www.naturstation.org
ÖPNV: Linie 201, 221, Haltestelle Bad Münster am Stein-Mitte
10 Gehminuten vom Bahnhof Bad Münster am Stein

NABU

79

Vom Lustgarten zur Kurpromenade

Der Kurpark Bad Kreuznach

Die Geschichte der Kur in Bad Kreuznach verbindet sich auf das Engste mit dem Kurpark. Er liegt landschaftlich wunderschön an der Spitze der von Nahe und Mühlenteich umflossenen Insel, die Badewörth genannt wird. Der Lokalhistoriker Karl Hessel berichtete, schon die pfälzischen Kurfürsten hätten hier einen „Lustgarten" angelegt. Zum Kurpark wurde er nach 1830. Zunächst erschloss man die erste Solequelle der Stadt – die Elisabethquelle – dann eröffnet man 1843 ein repräsentatives Kurhaus für Badeanwendungen. Der Park ist seitdem ein anmutiger Ort des Verweilens und eine Flaniermeile zum Sehen und Gesehenwerden. Eine Wandelhalle verband bis zum Zweiten Weltkrieg die Elisabethquelle mit der Konzertmuschel. Die gärtnerische Anlage ist geprägt von majestätischen Einzelbäumen, die für Beschattung und eine wohltuende Lichtstimmung sorgen. Der älteste Baum ist eine knorrige Platane – gepflanzt im Jahr 1840. Etliche weitere dieser Baumriesen schirmen den Musikpavillon mit der Tanzfläche ab, wo in der Freiluftsaison Musik aufspielt. Auf der großen Wiese bildet eine 150 Jahre alte Rotbuche einen Blickfang. Insgesamt machen 145 Großgewächse den Park zu einem lichten Baumgarten.

Die Anlage des Kurparks seit 2002 lässt sich nicht verstehen, ohne den Hochwasserschutz zu erwähnen. Die Stadt ist gerade in der Winterzeit immer wieder Opfer von Hochwassern. Die Nahe wird dann zum reißenden Strom, der über die Ufer tritt. Die Stadt realisierte ein Schutzprogramm, das bei der Umgestaltung auch des Kurparks zu einer Symbiose von Form und Funktion geführt hat. Der ganze Park ist als Wanne ausgebildet, die das Wasser zurückhält, die Promenaden an Nahe und Mühlenteich sind auf Dämmen angelegt. Die Kurparkspitze ist als Bollwerk gegen Fluten und Treibgut ausgebildet.

Kurhausstraße 28, 55543 Bad Kreuznach
www.bad-kreuznach-tourist.de
ÖPNV: Linie 201, Haltestelle Kreisverwaltung/Badeallee

80

Vom Salzwerk zum Kurgarten

Kurpark und Thermal-Solebad Bad Münster am Stein

„Ich stand am großen Wasserrad / versenkt in tiefe Ruh /, empfing der Tropfen kühles Bad / und sah dem Schwunge zu. / Die Felsen strebten himmelan, / ich wußt' es fern und nah, / doch hatt' ich meine Lust daran, / daß nur aufs Rad ich sah", so dichtete begeistert der „Sänger des Nahetals", Gustav Pfarrius, in seiner Liedersammlung das „Nahetal in Liedern" 1838. Die Szenerie, die er im Gedicht „Salinental" beschreibt, kann man auch im Kurpark Bad Münster am Stein erleben, der seine Entstehung der Salzfertigung verdankt. Ein Wasserrad dreht sich dort noch immer hinter dem Kurmittelhaus an der Nahe. Auf der anderen Seite des Flusses ragt der Rheingrafenstein empor. Diese Landschaftssituation hat auch Johann Wolfgang von Goethe in einer Skizze festgehalten und sie hat den Maler William Turner inspiriert. Die Räder der Wasserräder dienten dazu, mit Wasserkraft die Sole auf die Gradierwerke zu befördern. Diese Berieselungsanlagen flankierten den Kurpark und das Kurmittelhaus wie die Flügel einer Schlossanlage und tauchten ihn in einen frischen Salznebel. Was heute Park ist, war großflächig mit imposanten Dornwänden bestückt. Die Saline selbst wurde 1945 zerstört, doch zwei Gradierwerke als Inhalatorien wiederaufgebaut. Ein Gradierwerk mit einer Länge von 150 Metern ist noch erhalten. Hier wandeln die Gäste heute vom einstigen Kurhaus (1875), das heute gastronomisch genutzt wird und auch über eine Terrasse mit Konzertmuschel verfügt, am Gradierwerk entlang zum historischen Kurmittelhaus. Um den Kurpark herum schmiegt sich die Nahe. Auch bei großer Hitze ist es hier angenehm temperiert. Zudem ermöglicht eine Wassertrete zusätzliche Erfrischung. Im Kurmittelhaus mit der Brunnenhalle ist die Rheingrafenquelle gefasst. Das Mineralwasser versorgt das Gradierwerk ebenso wie das Thermal-Sole-Freibad, das auf dem Uferweg zum Nahewehr zu erreichen ist. Die Badegäste im Freibad genießen einen wundervollen Panoramablick und gleichzeitig Badespaß im Süß- und Salzwasser. Diesen Genuss ermöglicht ihnen die Schwimmbadgenossenschaft, die seit 2014 ehrenamtlich das Freibad betreibt und so vor der Schließung bewahrt hat. Das Bad ist in den Sommermonaten geöffnet.

Kurpark: Salinenhof, 55583 Bad Kreuznach (Stadtteil Bad Münster a.St-E.)
Freibad: Kurhausstraße 43, 55583 Bad Kreuznach
(Stadtteil Bad Münster a.St-E.), www.schwimmbad-bme.de

81

Die Exoten von Bad Kreuznach

Ginko, Sumpfzypresse, Papiermaulbeere im Schlosspark

Ein schmaler Durchlass führt von der historischen Neustadt durch ein Stück alte Stadtmauer in den Schlosspark. Eben noch im Trubel enger Gassen taucht man in eine grüne Parklandschaft ein, die durch den Kauzenberg begrenzt wird. Ein dichter Blütenteppich aus weißen und hell- bis dunkelroten Lerchensporn bedeckt den Waldboden im Frühjahr. Fast scheint es, als betrete man einen Zauberwald. Amalie von Dessau-Anhalt, Andreas von Recum und die Industriellenfamilie Puricelli waren seit 1776 bis zum Ende des 19. Jahrhunderts Besitzer des 1326 erstmals erwähnten Ritterguts Bangert (= der heutige Baumgarten). Den Charakter des Baumgartens hat sich der Schlosspark bis heute bewahrt. Aus dem 19. Jahrhundert stammen noch 13 Bäume – der älteste ist eine Roteiche aus dem Jahr 1840 mit einer Höhe von 20 Metern und einem Kronendurchmesser von 18 Metern. Raritäten und Exoten, Prachtexemplare, alte, dicke und hohe Bäume befinden sich hier in großer Anzahl: 365 solcher Gehölze zählt man. Pflanzen aus fernen Ländern fanden im Schlosspark eine Heimat: 1889 ist das Pflanzjahr der Ginkgobäume, die sich am Teich des Schlosses befinden. Hingucker sind der Trompetenbaum und die Kaukasische Flügelnuss, beide mit einem imposanten Kronendurchmesser von 19 Metern ausgestattet. Eine 1865 gepflanzte Sumpfzypresse, die am Teichufer steht, bildet ein Atemknie aus. Das sind knieförmig nach oben in die Luft ragende Auswüchse der Wurzeln. Die Sumpfzypresse überlebt so an Feuchtstandorten. Mit 30 Metern Höhe ist sie der höchste Baum im Schlosspark – mit einem gewaltigen Stammumfang von 4,71 Metern!
Weitere faszinierende Exoten sind der Mammutbaum, der Japanische Schnurbaum oder die malerischen Tulpenmagnolien. Auf der anderen Seite des Teiches verlockt eine Kastanienallee dazu, verweilend den Blick über eine pittoreske Insel im Teich schweifen zu lassen, auf der sich Enten tummeln, und einfach den Gedanken Freiheit zu geben. An den eigentlichen Park schloss sich seit 1900 ein Landwirtschaftsgut an. Ein Betrieb setzt diese Tradition fort, während die anderen Gebäude in Museen, Restaurants und ein Künstleratelier umgewandelt wurden.

Dessauer Straße 6, 55543 Bad Kreuznach
www.bad-kreuznach-tourist.de
ÖPNV: Linie 203, Haltestelle Schlosspark

82

Von der Klappergasse bis zum Teetempel –

Der Panoramaweg

Fast unmerklich gehen an vielen Stellen in Bad Kreuznach Stadt und Kulturlandschaft ineinander über. Eine dieser Nahtstellen ist der Panoramaweg. Gerade sah man sich im Treiben der Fußgängerzone, flanierte über die Nahebrücke, da biegt man in die Klappergasse ab, passiert eine sich verengende Gasse an der Nahe und erreicht einen Fußweg, der hoch über den Dächern des Kurgebietes mit schönem Blick in das Nahetal entlangführt. Geübte Beobachter*innen entdecken die Reste eines Stadtmauerturms – den Klapperturm. Hier muss sich schon vor vielen Jahrhunderten ein Weg befunden haben, der ohne Nahequerung bis nach Münster am Stein führte. Der Name Klappergasse soll von den Fuhrwerken stammen, die hinab in die Stadt preschten und deren Kutscher sich mit knallenden Peitschen Platz schafften. Dem Weg soll früher große Bedeutung zugekommen sein, weil 1620, als die spanische Soldateska der Habsburger die Stadt eroberte, ein Teil der Bevölkerung im Schutz der Burg fliehen konnte. Zur Kauzenburg führt ein Stichweg hinauf. Auch geologisch ist der Weg von Interesse. Da man sieht, wie sich die die landschaftsbildenden Gesteinsformation wandelt und das Vulkangestein Rhyolith durch den rötlichen Sandstein abgelöst wird, der auch in der Neustadt allenthalben Verwendung fand. Nur ein Teil des Berghanges wird heute mit Weinbergen kultiviert. In preußischer Zeit galt der Kauzenberg als eine der besten Weinlagen der Rheinprovinz. Der Weg führt bis zum Aufstieg zum Teetempel – ein Aussichtspunkt, der älter ist, als das Kurgebiet und 1819 von Andreas von Recum (1765–1828) errichtet und auch öffentlich zugänglich gemacht wurde. Dem Karrierebeamten, der unter französischer Herrschaft zu Wohlstand kam, gehörten der gesamte Schlosspark, der Kauzenberg und Teile des Stadtwaldes. Er hat alles zum Landschaftspark umgestaltet, gepflegt und sich auch aktiv und innovativ als Gutsbesitzer betätigt. So förderte er Innovationen der Landwirtschaft und des Weinbaus wie den Klee- und Kartoffelanbau, die Kalkdüngung und eine bessere Ausbildung der Bauern. Am Ende des Wegs angelangt, steigt man auf einer Treppe hinab zum Naheufer.

Mannheimer Str. 82/Klappergasse, 55545 Bad Kreuznach
www.bad-kreuznach-tourist.de
ÖPNV: Linie 203, 204, 241, 242, Haltestelle Stadtwerke

83

Eine Insel,eine Insel: wirklich?

Die Roseninsel

An keiner anderen Stelle kann man den Fluss so intensiv erleben, kommt man der Nahe so nahe wie auf der Roseninsel. Auf einer als sanfte Hügellandschaft modellierten Fläche erlauben es Terrassenanlagen am Fluss zu verweilen und Enten, Gänse, Reiher sowie Kormorane bei ihrem Treiben zu beobachten. Promenaden, ein großer Brunnen, ein Laubengang, ein Spielplatz und Skulpturen schaffen eine variationsreiche Parkoase. Sie verbindet das Kurgebiet mit dem Salinental.
Ihr heutiges Gesicht erhielt die Roseninsel erst vor etwa 110 Jahren. Man verfüllte einen Seitenarm der Nahe und schuf einen neuen Park. – Mit dem Frühjahr 1905 kamen Rosenzüchter aus ganz Deutschland an die Nahe und pflanzten üppige Rosengärten mit bis zu 200 Sorten: Die Blumenschau gab nun der Insel ihren Namen. – Doch die Roseninsel heute verdankt ihr Aussehen dem Hochwasserschutz. Immer wieder war sie von der Nahe überschwemmt worden. In dem großen Schutzprogramm, das von 1998 bis 2003 realisiert wurde, spielt die Roseninsel eine herausragende Rolle. Ohne, dass dies die Spaziergänger*innen bemerken, flanieren sie heute auf einer Anlage zum Schutz vor den Fluten der Nahe. Terrassen ersetzen Mauern, der Laubengang ist in Wahrheit ein Deich, die hügelige Modellierung der Landschaft oder auch eine massiv gebaute Aussichtskanzel sind Teil der Hochwasserabwehr. Zwischen der schattigen Priegerpromenade, Rosenbeeten, Sitzbereichen am Ufer, der Brunnenfontäne und dem Laubengang genießt man den Blick auf den Oranienwald auf der anderen Seite der Nahe. Durch ein Schilfbiotop schlängelt sich ein Bachlauf. Von einer dreieckigen Kanzel blickt der von Hugo Cauer in Bronze als Brunnenfigura geschaffene „Reichskanzler Bismarck", eher streng in eine liebliche und im Frühjahr überaus reich blühende Parklandschaft. Besucher*innen erleben den flachen Deich als Kirschenhain, bepflanzt mit Tokyo-Kirschen. Im Sommer spenden die Zweige einer Kaukasischen Flügelnuss Schatten: Es ist erstaunlich, wieviel Raum für Gelassenheit, Lebensfreude, Naturnähe und Kommunikation der Landschaftsplaner Peter Prinz auf dieser Fläche geschaffen hat.

Priegerpromenade 55543 Bad Kreuznach
www.bad-kreuznach-tourist.de
ÖPNV: Linie 201, Haltestelle Oranienpark

Frische Meeresbrise im Binnenland

Das Salinental

Es ist ein heißer Sommertag. Schwüle Hitze! Doch plötzlich weht eine frische Brise, ein kühlender Lufthauch breitet sich aus und hinterlässt nach einiger Zeit einen Salzgeschmack auf den Lippen. Das ist das Aroma des Salinentals! Hier stehen riesige Dornenwände, bis zu 320 Meter lang und neun Meter hoch. Die Dornen sind in Holzgestelle gepresst. An den Zweigen rieselt salzhaltiges Wasser herunter, verdunstet und taucht die Umgebung in einen Aerosol-Nebel. Aus der Tiefe steigt im Salinental Thermalwasser an die Oberfläche auf. Es ist fast 30 Grad Celsius warm und enthält auch circa 1,5 Gramm Kochsalz pro Liter. Seit 1730 begannen findige Unternehmer, die Quellen für die Salzerzeugung zu nutzen. Um Kochsalz zu gewinnen, musste der Salzgehalt auf 26 Gramm pro Liter gebracht werden und dabei galt es, möglichst wenig Brennmaterial für das Sieden einzusetzen. So erfand der Bergbauingenieur Freiherr von Beust die Verdunstungswände, die mit Schwarzdornzweigen (Schlehen) bestückt wurden. Dadurch kann bis heute der Salzgehalt alleine durch die Verdunstung auf 20 Gramm pro Liter gesteigert werden. Immer wieder rieselt das Wasser an diesen Wänden herab, wird wieder hochgepumpt und rieselt wieder herab, So steigt mit jedem Auf und Ab der Salzgehalt – daher heißen die Holzgestelle Gradierwerke. Im Salinental stehen sechs dieser Verdunstungswände, ein weiteres Gradierwerk befindet sich im Kurpark Bad Münster und zwei kleinere Gradierwände stehen im Kurpark Bad Kreuznach: macht zusammen mehr als 1,3 Kilometer Länge und mehr als 20.000 Quadratmeter Berieselungsfläche. Sichtbares Zeugnis der historischen Salinen sind auch die Wasserräder und Wassergräben. Sie dienten der Förderung des Salzwassers (der Sole) auf die Krone der Gradierwerke. Heute besorgen das Elektropumpen. Zwar wird Salz nicht mehr mit dieser Technik gewonnen, doch bis heute sind die Gradierwerke gewaltige Freiluftinhalatorien, die ein wohltuendes Klima gerade in der Sommerhitze erzeugen. Bis zu zehn Grad kühler ist es in ihrem Umfeld, zudem weht eine frische Brise. Das genießt man auf Galerien oder Bänken im großen Landschaftspark und atmet ganz tief durch.

Karlshalle, 5543 Bad Kreuznach
www.bad-kreuznach-tourist.de
ÖPNV: Linie 201, Haltestelle Salinental

85 Vom Viehmarkt zum Kirschenhain

Die Kirschsteinanlage

Dort, wo der Ellerbach in die Nahe mündet und der Mühlenteich der Nahe zugeleitet wird, wo heute ein kleiner Park dazu einlädt, den Blick auf das Häuserensemble von „Klein-Venedig" zu genießen und dem Rauschen des Nahewehrs zu lauschen, da blökten um 1900 die Rinder, grunzten die Schweine und wieherten die Pferde, denn hier befand sich der Viehmarkt. – Heute befindet sich an der Stelle ein Park an der Nahe, im Stadtzentrum. Man sieht von hier aus die barocke Pauluskirche, die Alte Nahebrücke mit den Brückenhäusern, die Kauzenburg, die Pfeffermiehl, die auf einem Rumpf der alten Stadtmauer steht, ebenso wie die romantischen Häuserfassaden, die auch „Klein Venedig" genannt werden. Das Nahewehr erzeugt Strom für die letzte Mühle der Stadt. Im Rahmen der Hochwasserbaumaßnahmen bestand die Möglichkeit, die bis dahin unscheinbare Kirschsteinanlage aufzuwerten und als grüne Insel an einem ganz besonderen Standort ansprechend zu gestalten. Hier bekam das 1988 von dem japanischen Künstler Osamu Nakajima gestaltete Mahnmal für die Opfer des Nationalsozialismus einen würdigen Platz auf der Krone eines künstlichen Hügels.

Ein botanisches Highlight ist der im Zuge der Neugestaltung zur Jahrtausendwende aus 46 Zierkirschbäumen (Prunus avium ‚Plena') gepflanzte Kirschenhain. Ende April ist der gesamte Hügel wie mit einem weißen Tuch überzogen, da dieses Ziergehölz, das von der Wildkirsche abstammt, eine überreiche, weiße Blüte entwickelt. Die Kirschen der Wildkirsche, die als Urahne der Süßkirsche gilt, bleiben auch bei der Reife klein und schmecken herb bis bitter, stehen aber als Leckerbissen auf dem Speiseplan der Vögel. Den Namen verdankt der Park übrigens nicht diesem Kirschenhain, er ist vielmehr nach dem von 1897 bis 1909 amtierenden Oberbürgermeister Kirschstein benannt, der die Grünanlage in Sichtweite seines Büros im Stadthaus schuf. – Der älteste Baum ist eine Roßkastanie aus dem Jahre 1902, vielleicht das Entstehungsjahr der Anlage. Aus dem Zeitraum 1920 bis 1999 sind lediglich 13 Bäume erhalten. Es handelt sich überwiegend um Feldahorn und einige Nadelbäume, die auf der Uferböschung zur Nahe stehen.

Kirschsteinanlage, 55543 Bad Kreuznach
www.bad-kreuznach-tourist.de
ÖPNV: Linie 203, 204, 241, Haltestelle Stadtwerke

86

Alpenfeeling im Naheland

Der Rotenfels

Gerade mal 20 Kilometer entfernt vom Rheintal lagert ein Felsmassiv an der Nahe, das an das Alpenvorland erinnert. Es ist der Rotenfels, eine 200 Meter hohe und fast 1200 Meter lange Steilwand, die sich über mehrere Gemarkungen erstreckt und im Stadtwald von Bad Kreuznach und Bad Münster am Stein-Ebernburg endet. Der Rotenfels ist der prominenteste Teil eines Massivs aus Vulkangestein – dem Rhyolith (früher Porphyr). Der Felsblock entstand, als vor etwa 290 Millionen Jahren glühendes Magma an die Erdoberfläche drängte und erstarrte. Erst im Laufe Hunderttausender Jahre hat sich der Fluss durch Erosion in den Fels hineingegraben. Es entstand ein tiefes Engtal, der Nahedurchbruch, mit Rhyolithformationen beiderseits der Nahe.
Das Rotenfelsplateau ist ein Naturschutzgebiet. Es umfasst mit dem Offenland 46 Hektar. Das trockenwarme, mediterrane Klima und der felsige stickstoffarme Boden begünstigen eine besondere Fauna und Flora: In der höchsten Steilwand zwischen den Alpen und Skandinavien legen Wanderfalken ihren Horst an, die wiederum der Uhu gerne ausräubert. Allenthalben flitzt die Smaragdeidechse durch Felsritzen. Hier gedeiht der Felsahorn, hier blühen im April und Mai die unzähligen kleinen gelben Blüten des Bergsteinkrauts, das Berggold. Schon ab März schmücken in Lila die Blütensterne der Küchenschelle den kargen Fels. Bis Juni kann man im zarten Rosa den „Brennenden Busch" (Diptam) bewundern, aber nicht anfassen! Er sondert ätherische Öle ab, die durch UV-Strahlung zu Hautreizungen führen können. Die Steilwand ist ein äußerst anspruchsvolles Kletterrevier, das von einer Sektion des Deutschen Alpenvereins betreut wird, der hier ein Domizil unterhält und sich auch um die Landschaftspflege kümmert. Die Steilwand der Bastei wurde mit ihren 170 Metern bislang nur einmal durchstiegen. Wander*innen genießen vor allem den Weg entlang des Felsgrates mit fantastischem Ausblick auf der ganzen Strecke. Am Fuß des Rotenfelses werden in Steillagen Weinberge kultiviert. Auf dem Gestein hat sich eine dünne Humusschicht gebildet – dieses Terroir gibt dem Wein eine besondere Note.

Luise-Rodrian-Haus, Auf dem Rotenfels, 55595 Traisen
www.dav-nahegau.de; ÖPNV: Linie 201, Haltestelle Bahnhof Bad Münster a.St., dann 20 Gehminuten über die Rotenfelsstraße zum Rotenfelsmassiv

87

Aus Feuer und Wasser geformt
Die Felsformation Gans

Vom Salinental aus blickt man Richtung Osten auf eine Felsformation, die wie eine gewaltige Halde wirkt. Diese hat in keltischer Zeit ihren Namen erhalten: „Ganda", das heißt Steilhang mit Felsenschutt. Elementare Kräfte haben die Gans geformt: Vor 290 Millionen Jahren trat aus dem Erdinneren Magma an die Oberfläche, erstarrte und bildete ein Felsmassiv, zu dem sowohl Rotenfels als auch der Rheingrafenstein gehören. In diesen Felsblock hat sich die Nahe – keltisch „Nawa" – ihren Weg gebahnt und immer tiefer hineingegraben. So entstand das enge Tal. Die Felshalden verdanken ihren Ursprung den Kaltzeiten, als bei extremen Temperaturen Wasser in das Gestein drang und dieses sprengte. Diese geologische Situation hat einen kargen, mediterran anmutenden Lebensraum geschaffen. Er ist Naturschutzgebiet wegen seiner geologischen Besonderheit, der außergewöhnlichen Fauna und Flora und seiner landschaftlichen Schönheit. Die Mischung aus kargem Boden, Trockenheit, Hitze und hohen Temperaturschwankungen begünstigt besondere, in unseren Breiten seltene Pflanzen und Tiere: zum Beispiel Pfingstnelke, Diptam, Blauroter Steinsame, Bergsteinkraut und Felsenbirnen. Auch der Felsenahorn, den man sonst eher in der Provence findet, treibt hier seine Wurzeln in die Felsspalten. Vom Mittelmeer bis in den Vorderen Orient beheimatet bildet er im Nahetal einen weit nördlichen liegenden vereinzelten Vorposten. Die prachtvolle Smaragdeidechse ist häufig beim Sonnenbad zu beobachten. Kenner*innen entdecken seltene Schmetterlinge wie die Weißfleck-Widderchen, eine vom Aussterben bedrohte Art. Es lohnt sich, von der Karlshalle aus auf die Gans aufzusteigen oder zur Felskante auf einem der Wanderwege vom Wanderportal Rheingrafenstein aus zu gelangen. Beim Aufstieg könnte man sich über die kleinen, mehrstämmigen Eichen wundern, die sich allenthalben finden. Sie sind Überreste eines Eichenschälwaldes. Die Rinde wurde bis etwa 1900 für die Gerberei verwendet und der Baum immer wieder geschnitten.

Von einem schönen Aussichtspunkt unweit der Burgruine Rheingrafenstein blickt man über den Stadtteil Bad Münster am Stein-Ebernburg hinweg weit in das Nahetal.

Wanderwege IntroTour, ClassicTour, VitalTour Rheingrafenstein. Salinental, www.3x3 Salinental.de; ÖPNV: Linie 203, Haltestelle Kuhberg (Mo-Fr); Haltestelle Spreitel (Sa, So, Fei) – dann Fußweg 30 Minuten.

Strandurlaub in der Kreuznacher Bucht

Die Sandgrube Kuhberg

Es sind nur einige Hundert Meter vom Freizeitgelände Kuhberg mit seinen Grillplätzen und den Freizeitangeboten wie Bogenschießen oder ein Kletterpark bis zu einer verlassenen Sandgrube. Sie liegt abseits von allem Trubel und ihr Anblick kann um Jahrmillionen zurückversetzen in die Vergangenheit der Region Rheinhessen-Nahe. Um dorthin zu gelangen, folgt man vom Parkplatz aus der gut beschilderten Introtour Rheingrafenstein.

Die Sandschichten, die man nach zehn Minuten erreicht, sind 30 bis 35 Millionen Jahre alt und lagern auf einer zehnmal so alten Schicht aus Vulkangestein (Rhyolith). Im damaligen Erdzeitalter, das Geologen früher „Tertiär“ nannten, lag diese Region viel tiefer. Mittelgebirge gab es nicht. Außerdem war der Meeresspiegel viel höher, weil der Nordpol noch nicht vereist war. Ein Ausläufer der Ur-Nordsee brachte das Meer bis nach Rheinhessen. Von Mainz bis Kreuznach erstreckte sich ein Flachmeer: Nur einzelne Inseln ragten heraus. Dazu gehörten die Felskuppen von Gans und Rheingrafenstein und auf der anderen Seite der Nahe der Rotenfels.

So entpuppt sich die Sandgrube als Meeresstrand. Viele haben hier als Kinder Muscheln gesucht und gefunden. Die Sande wurden in der Kreuznacher Bucht angeschwemmt und abgelagert. Daher nennt sich die geologische Schichtung „Oberer Meeressand“. Man sieht sehr schön das Bodenprofil. Die kalkreichen Sandschichten sind nur von Kreidebändern durchbrochen. Das Sediment enthält auch Spuren pflanzlicher und tierischer Fossilien. In der Urzeit herrschte hier putzmunterer Betrieb. Im flachen Wasser lebten diverse Muscheln (Sandmuschel und Schinkenmuschel), Papageifische knabberten an den Korallen und Krebse legten Grabgänge an. Adlerrochen, Katzenhaie und Zahnbrassen verzehrten wiederum Muscheln und Krebse. Seekühe weideten das Seegras ab. Haie, Thunfische, Seeschildkröten und Meereskrokodile bevölkerten diesen Lebensraum. – Über dem Sand hat sich dann später eine 20 Zentimeter starke Bodendecke gebildet. Oberhalb der Grabungskante wächst Halbtrockenrasen. Derzeit schmilzt durch den Klimawandel das Eis am Nordpol: Wenn wir nicht dagegen vorgehen: Kommt das Meer noch einmal zurück?

Rheingrafenstraße 157a, 55543 Bad Kreuznach
ÖPNV: Linie 203, Mo-Fr: Haltestelle Kuhberg (15 Gehminuten), Sa, So, Fei Haltestelle Spreitel, Wanderroute Introtour Rheingrafenstein folgen

89

Sport, Natur und Leidenschaft

Der Golfplatz „Drei Buchen“

Es sind fast hundert Männer und Frauen aller Altersgruppen, die sich da auf der Driving-Range einfinden und oft erstmals in ihrem Leben einen Golfschläger in der Hand haben. Es ist der Golferlebnistag im Golfclub Nahetal e.V. an den „Drei Buchen“, der in jedem Frühjahr stattfindet und die Gelegenheit bietet, den 18-Loch-Golf-Platz südwestlich von Bad Münster a. St./Ebernburg kennenzulernen. Längst sind Golfclubs keine elitären Vereine mehr mit der Tendenz unter sich zu bleiben. Allein schon die enormen Kosten für die Pflege des Platzes (mit sieben Greenkeepern und großem Maschinenpark) machen aktive Mitgliederwerbung und Jugendarbeit zur überlebenswichtigen Aufgabe.
Tückische Schrägen, abknickende, recht lange Spielbahnen (circa 5,8 Kilometer), Hunderte Buchen und Eichen, der Blick auf die Rotenfelssteilwand – all das macht den Platz „Drei Buchen“ einzigartig. Dazu trägt wesentlich die liebevolle, naturnahe Gestaltung mit Weihern, Biotopen, Kunstwerken und Trockenmauern bei. In der Pionierphase mussten sich die Golfer*innen vor Saisonbeginn erst mal zum Steinesammeln einfinden.
1971 haben sich gerade mal 25 Frauen und Männer auf den Weg gemacht, um einen Golfplatz zu errichten. Zwischenzeitlich stieg die Mitgliederzahl auf nahezu 900, aber nun haben auch sie mit dem demographischen Wandel zu kämpfen. Nach der Eröffnung 1974 wurde der Platz nach und nach auf 18-Loch-Standard erweitert. Seit Jahren gehört der Platz „Drei Buchen“ zu den Top 50 Golfanlagen in Deutschland, auf denen nationale Wettbewerbe stattfinden. Auch für den Verein blieb sportlicher Erfolg nicht aus. Die Herren schafften es in die Erste Bundesliga, wurden 1993 Deutscher Mannschaftsmeister und nahmen im gleichen Jahr an der Europameisterschaft teil.
Zurück zum Golf-Erlebnis-Tag: Ist der Ball erstmals richtig getroffen, fliegt im hohen Bogen und auch noch in die richtige Richtung – dann ist schnell die anhaltende Begeisterung für diesen besonderen Sport geweckt.

Golfclub Nahetal e.V., Drei Buchen, 55583 Bad Kreuznach
(Stadtteil Bad Münster am Stein-Ebernburg)
www.golclub-nahetal.de; www.3-buchen.de (öffentliches Restaurant)

90

Vom Kuhberg ins Weltall schauen

Die Sternwarte

Bad Kreuznachs Fenster zum Weltall öffnet sich auf dem Kuhberg. Hier unterhält der Verein „Sternwarte Bad Kreuznach e.V." seit 1986 eine Volkssternwarte und erschließt damit Interessierten aller Altersgruppen die Faszination des Weltraums. Der im 76-jährigen Turnus fällige Vorbeiflug des Halley'schen Kometen gab den Anstoß für die Gründung des Vereins. Investiert haben die 40 Mitglieder zunächst in den Aufbau eines professionellen Equipments, ihr größter Stolz ist das Sonnenteleskop. Das ganze Jahr über kann man an jedem Sonntag mit verschiedenen Filtern die Sonnenoberfläche bei variierenden Wellenlängen beobachten und auch die Materie am Rand der Sonnenoberfläche (Protuberanzen) entdecken. Zudem öffnet die Sternwarte, um besondere Phänomene am Sternhimmel erleben zu können: zum Beispiel den Blutmond, die Perseiden oder den Mars in Erdnähe. Diese Events machen ebenso auf die Geheimnisse des Weltalls neugierig wie die Astronights oder der Tag der Astronomie. – Ein besonderer Clou für die Kids (und Mamas und Papas) ist das Basteln von Raketen. An einem Nachmittag werden unter Anleitung Pappmodelle von circa 40 Zentimetern Höhe gebastelt. Diese werden unter Aufsicht mit einem Treibsatz und einer Zündschnur bestückt – sie steigen bis zu 150 Meter hoch! – Für Gruppen kann man Vorträge buchen; auch hier sind wieder Kinder und Jugendliche eine wichtige Zielgruppe, für die das Format „Reise ins Universum" entwickelt wurde. Ein Vortragsprogramm beleuchtet wissenschaftliche Entwicklungen – fragt nach der Entdeckung neuer Planeten oder anderem Leben im Universum. Die Sternwarte liegt zwar auf dem Berg, doch die Sternfreunde sind auch im Tal präsent. Dort haben sie einen Planetenweg angelegt. Er beginnt mit der Sonne an der Roseninsel, folgt der Nahe flussaufwärts und endet bei Pluto nach 5,9 Kilometern vor dem Rotenfels bei Ebernburg. Sowohl die Größe der Sonne und der acht Planeten als auch deren Abstände zueinander sind im Maßstab eins zu einer Milliarde ausgeführt. So hat die Sonne einen Durchmesser von 1,4 Metern, der Pluto bringt es auf drei Millimeter. Auf dem Spaziergang erfährt man anschaulich, dass unsere Erde eine Oase im lebensfeindlichen Weltraum ist.

An der Sternwarte 2 (für Ihr Navi: Rheingrafenstr. 912), 55543 Bad Kreuznach, www.sternwarte-kreuznach.de; ÖPNV: Linie 203, Haltestelle Kuhberg (Mo-Fr) oder Tierheim (Sa, So, Fei), dann 20-30 Gehminuten Richtung Ruine Rheingrafenstein, von dort ausgeschildert.

Sternwarte
Bad Kreuznach e

91

Narrentreiben in Sälen, im Käfig und auf der Straße

Fastnacht in Bad Kreuznach

Geographisch ist das Nahetal ein Ausläufer der Rheinebene, der Lebensart nach auch. Das merkt man spätestens in der fünften Jahreszeit, die heißt hier sowohl Fastnacht als auch Karneval und die Kreuznacher*innen rufen „Allez hopp“, „Schuppla“ und auch „Helau“, weil sie sich bezüglich der regionalen Identität nicht festlegen lassen wollen. Die Narretei ist eine Kraft, die Gemeinschaft stiftet und Kreativität weckt. Da werden Wagen gebaut, Verse geschmiedet, Tänze einstudiert, Kostüme geschneidert, Kulissen bemalt, die musikalischen Auftritte geprobt … Noch ein Blick in den Spiegel – und Allez hopp! Los gehts zu einer der Sitzungen, die von den neun närrischen Sozietäten aus allen Stadtteilen organisiert werden. Sie hören auf klangvolle Namen: Jerrys, Blaue Jungs, Weiße Freck, Lustige Schuppesser oder Fidele Wespe. Wie kein anderer Verein steht die Große Kreuznacher Karnevalsgesellschaft für die Tradition des Fastnachtsbrauchtums. 1846 von „besonders für Frohsinn begabten Bürgern“ gegründet, eröffnet die erste Sitzung im Januar den Reigen der Saalfastnacht. Alle Vereine organisieren die Altweiberfastnacht am „Schwerdonnerstag“ um den Kornmarkt mit ca. 13.000 Kostümierten – vom Maikäfer bis zum Gerippe. Ort der Party ist der „Narrenkäfig“. Die Eingrenzung hat so die üblichen Begleiterscheinungen der Straßenfastnacht gemildert. Das ist das Vorspiel zur Narrenfahrt am Samstag. Der närrische Lindwurm zieht sich vor 60.000 Zuschauer*innen durch die City. Unter den über 100 Zugnummern sind eines Rosenmontagszugs würdige Installationen, wie die berühmten Wagen der „Eiskalten Spaller“ – die schon mal im südamerikanischen Stil den buntgeschmückten Tod durch die Straßen tanzen lassen. – Die große Fastnachtsfamilie kommt dann auf dem Kornmarkt zusammen, es wird gefeiert, geschunkelt, prämiert und Columbina Cruciniacum gewählt – eine Frau, die sich durch besonderes soziales Engagement ausgezeichnet hat. 2019 war das Eva Borsche. Mit ihrem Mann hat sie für Interplast bei zahllosen Einsätzen in aller Welt Menschen mit plastischen Operationen neue Lebenschancen geschenkt.

Kornmarkt, 55543 Bad Kreuznach
www.kreiznacher-narrefahrt.de
ÖPNV: Bahnhof Bad Kreuznach. Sonderfahrplan www.rnn.info

92

Von einem Fest zum andern
Die Weinfeste

Die Kulturlandschaft um Bad Kreuznach ist geprägt vom Weinbau, ebenso ist es die Festkultur. Von Mai bis Oktober gibt es reichlich Angebote der Winzerfamilien, manches Weinglas in schönem Ambiente zu leeren oder einfach nur entspannt die Geselligkeit bei einer Traubenschorle zu genießen. Los geht es schon im April. Anlässlich des bundesweiten Weinwanderwochenendes – immer am letzten Wochenende des Ostermonats – laden sie zum Weinspaziergang auf die Roseninsel mitten in das Kurgebiet ein. Am romantischen Naheufer lässt es sich gemütlich sitzen und einen guten Tropfen genießen. Ein Weinpass belohnt die fleißigen Spaziergänger*innen mit einem Weinpräsent. Kleine geführte Wanderungen erläutern die Arbeit im Weinberg und die besonderen Gegebenheiten der Bad Kreuznacher Weinlagen.
Das WeinFestival im Kurpark, meist Anfang Juni, ist seit 2010 eine feste Größe im Kalender der Stadt. Nachdem man etliche Jahre die einzigartige Atmosphäre zwischen Pauluskirche, Mühlenteich und Brückenhäusern genoss, ist das Fest mittlerweile wegen des großen Andrangs in den Kurpark umgezogen. Hier entfaltet das Pagodendorf im Park zwischen den beiden Flussarmen vor der Kulisse des Kurhauses ein besonderes Flair, man nimmt Platz auf der großen Wiese mit Blick auf die Musikbühne oder flaniert an der Nahepromenade entlang und lässt sich vom Lichterglanz auf der Wasseroberfläche der Nahe bezaubern. Ein weinaffines Speiseangebot erwartet die Gäste, Musik unterstützt, aber übertönt nicht die fröhliche Stimmung, die Tausende anlockt.
Gleich an drei Tagen Ende Juli ist das Fest Wein im Park Tradition. Es hatte sich als Weinfest der Verbandsgemeinde Bad Münster am Stein-Ebernburg etabliert. Nach deren Auflösung übernahm die Organisation die Gesundheit und Tourismus für Bad Kreuznach GmbH, die auch das WeinFestival managt. Der Kurpark mit Blick auf den Rheingrafenstein verwandelt sich dann in ein Weindorf, mit Speis und Trank und Partytanz auf der Musikbühne. Das Fest findet an den heißesten Tagen des Jahres statt, doch im Schatten des großen Gradierwerks mit seiner frischen Brise ist der Park eine angenehm temperierte Oase.

Weinfrühling: Priegerpromenade, 55543 Bad Kreuznach – WeinFestival: Kurhausstr. 28 (Kurpark), 55543 Bad Kreuznach – Wein im Park; Salinenhof (Kurpark Bad Münster am Stein), 55583 Bad Kreuznach (Stadtteil Bad Münster am Stein-Ebernburg) – www.bad-kreuznach-tourist.de

Die Liebe sitzt mit im Wagen

Oldtimertreffen im Kurpark Bad Münster am Stein

Seit über 25 Jahren kann der Papa dem Sohn und die Oma den Enkelkindern immer am ersten Sonntag im August im Kurpark vorführen, wie es früher auf den Straßen gerochen hat und sich Autos angehört haben. Denn es ist Oldtimertreffen und aus allen Himmelsrichtungen strömen Gefährte herbei, deren Zulassungstag mindestens 30 Jahre zurück liegt. Wie eine Parade gestaltet sich die Einfahrt der Automobile, die das Alter vereint: Da tuckert der Zweitaktmotor des alten VW-Käfer, rast nebelgrau der Trabi über die Wiese (was Empörungspotenzial mit sich bringt), brummt royal der Rolls-Royce von 1933 über die Promenade vor dem Rheingrafenstein, rangiert der Flower-Power-Bus von 1978 in eine der engen Parklücken am Kurmittelhaus, knattert ein junges Paar auf dem Henkel-Roller von 1961 durch das Portal, fahren chromblitzende amerikanische Straßenkreuzer mit offenem Verdeck – die Dame mit Kopftuch, der Herr mit Segeltuchmütze – im Schritttempo solange im Kreis, bis wirklich jede*r sie gesehen, gehört und gerochen hat. Es ist ein Familientreffen, bei dem alle miteinander die Liebe zum Auto vereint. Aus ganz Deutschland werden die aufpolierten Gefährte nach Bad Münster am Stein bewegt – am liebsten im Konvoi. Das Stelldichein von 500 bis 600 Nostalgiegefährten zieht Tausende an und Nostalgie ist ja auch schon, wenn man an die eigene Jugend zurückdenkt: „Guck mal, so einen hatte ich auch, der hat aber nicht lange gehalten", kann man da schon mal hören. Dazu spielt frohgemut die Jazzband auf, die Sonne hat allen Grund zu lachen und natürlich sind Erfrischungsgetränke, Süßes, Herzhaftes und Pikantes zur Stärkung reichlich im Angebot. Die Idee, das großartige Landschaftserlebnis des Kurparks von Bad Münster am Stein für ein Event zu nutzen, das mit betulicher Kurortruhe wenig gemein hat, stammt von Matthias Harke, dessen Verein Gastland Nahe die Werbung für die Region schon lange am Herzen liegt. Harke ist selbst Oldtimerenthusiast, hat in der Szene kräftig die Werbetrommel gerührt – und eine Erfolgsstory geschrieben. Mittlerweile organisiert das immer weiter anwachsende Event der Verkehrsverein.

Salinenhof, 55583 Bad Kreuznach (Stadtteil Bad Münster am Stein-Ebernburg), www.bad-muenster-am-stein.de
ÖPNV: Linie 201, Haltestelle Bad Münster am Stein-Mitte, 5 Gehminuten vom Bahnhof Bad Münster am Stein.

Schwalbenfahrer

94

Zusammenleben, zusammenwachsen

Die Interkulturelle Woche

Menschen aus nahezu 140 Nationen leben in einer Stadt, die 53.000 Einwohner*innen zählt. Das ist eine Zahl, die erst einmal erstaunt. Zahlen haben weder Farbe, Aroma, noch Stimme oder Klang. Wohl aber das Eröffnungsfest der Interkulturellen Woche, bei der man seit nunmehr 40 Jahren diese Vielfalt – jedes Jahr im September – mit allen Sinnen erleben kann. Wer an den 40 bis 50 Ständen vorbeiflaniert und der Bühnenshow mit Tanz, Musik und Vorträgen folgt, bekommt ein Gespür dafür, wie bereichernd diese Vielfalt für die Stadt sein kann. Türkische Spezialitäten, leckere Plätzchen vom Café bunt, dem Tagestreff für obdachlose Frauen, und allerlei Nationalgerichte locken die Besucher*innen auf den Festplatz. Entdeckungen: Eine afrikanische Gemeinde gestaltet temporeich und temperamentvoll ihren Gottesdienst. Die brasilianische Gemeinde antwortet mit Salsa-Klängen, Kinder der islamischen Gemeinde bringen Tänze auf die Bühne. Ganz selbstbewusst zeigt man sich mit diesem Fest im Zentrum de Stadt – mal auf dem Kornmarkt, mal auf der anderen Seite des Mühlenteichs, an der Pauluskirche.
Das Interkulturelle Fest ist immer der Auftakt für eine Serie von 30 Angeboten, die seit vielen Jahren eine Arbeitsgruppe mit mehr als 40 Mitgliedern auf die Beine stellt. Den Nerv der Zeit trifft die Auswahl der Themen, die sich in den letzten Jahren mit der Angst vor Flüchtlingen oder vor dem Islam beschäftigten, der jedoch in Bad Kreuznach einen ganz selbstverständlichen Platz eingenommen hat. Es geht auch darum, einen Dialog zu suchen, bei dem unterschiedliche Standpunkte zu Wort kommen. Da sammeln Schulen Spenden für Projekte in Uganda, wird die Situation von jungen Muslimen und Muslima offen diskutiert, inszeniert das Jugendforum einen „Open-Air Poetry Slam", bei dem die Autor*innen für Menschlichkeit, Solidarität und Vielfalt eintreten, setzen sich Grundschulkinder mit dem Schicksal von Gleichaltrigen auseinander, die eine Flucht erleiden mussten, serviert der Weltladen Faires Frühstück, öffnen verschiedene Organisationen ihre Türen, kochen, musizieren und informieren. So lädt man das eine Mal ein, ist ein anderes Mal eingeladen und alle fühlen sich ein bisschen mehr zu Hause.

Kontakt: Stadt Bad Kreuznach, Interkulturelle Arbeit, Brückes 2-8, 55545 Bad Kreuznach, www.interkulturellewoche.de; www. bad-kreuznach.de; ÖPNV: Linie 204 Haltestelle Stadthaus oder Line 203 Haltestelle Stadthaus/VfL-Halle

W

95

Nix wie enunner – die fünf tollen Tage auf der Pfingstwiese

Der Bad Kreuznacher Jahrmarkt

Wo hat es zum ersten Mal gefunkt? Fragt man Paare aus Bad Kreuznach, werden sie oft antworten: na, auf dem Jahrmarkt! Der Jahrmarkt ist das große Kreuznacher Familienfest. Alles was Beine hat, strömt im August auf die Pfingstwiese an der Nahe. Die öde Asphaltsteppe verwandelt sich in ein vielfarbbuntes Vergnügungsmeer, in das Einheimische („Gässjer") und Zugezogene begeistert eintauchen, um sich mitreißen zu lassen. – Es war der französische Bürgermeister, Maire Burret (die Stadt gehörte 1798 bis 1814 zu Frankreich), der hier erstmals 1810 eine Messe für Handel mit Waren und Vieh und einen Vergnügungspark abhalten ließ. Das Datum steht seitdem fest: Der Jahrmarkt findet stets nach dem 15. August statt. Je nach Geschmack nach Napoleons Geburtstag oder nach Mariä Himmelfahrt. Er dauert eigentlich von Freitag bis Dienstag, aber längst ist der Donnerstagabend, der „Fleeschworscht Dunnerstaach", mit regem Treiben in den Gastronomiebetrieben Kult. Da schaut man schon mal irgendwo rein – und bleibt dann auch gleich.

Nur Kriegsereignisse und Katastrophen konnten seitdem diese Tradition für einige Jahre unterbrechen. Noch heute gibt es den beliebten Dippemarkt in der „Dippeguckergass". Der Viehmarkt wurde letztmals 1938 abgehalten, danach wurde er ein Opfer des Berufsverbotes für jüdische Bürger*innen, denn die Händler*innen waren traditionsgemäß meist Jüd*innen. Waren es früher Varietédarbietungen, die heute eher skurril anmuten, viel Hokuspokus und veritable Kämpfe, die für Belustigung und Staunen sorgten, so sind es heute die Fahrgeschäfte. Schneller, höher, weiter, schwindliger ist das Motto für das nicht nur jugendliche Publikum. Die Ohren müssen sausen, die Schreie gellen. – Das ist dann der Auftakt für das, was eigentlich die Seele des Ganzen ist: Einmal im Jahr trifft sich wie auf Verabredung am Kölschstand, im Weinzelt, beim Familientag, beim Seniorennachmittag Jahrgang für Jahrgang, erinnert sich an alte Zeiten, genießt Gemeinsamkeit und ein Stück Heimat und erinnert sich vielleicht daran, bei wem es damals gefunkt hat. Vielleicht beim Anschauen des Abschlussfeuerwerks Dienstagnacht auf dem „Himmelsguckerplatz".

Pfingstwiese, 55545 Bad Kreuznach
www.nix-wie-enunner.de
ÖPNV: Sonderfahrplan für Busse und Bahnen mit Haltestellen an der Pfingstwiese: www.rnn.info

Schütze
levi's
3

96

Zeitreise ins Mittelalter

Mittelaltermarkt und Ritterturnier in Ebernburg

Ein Zeitsprung ist in Ebernburg immer am zweiten Wochenende im September angesagt. Dann erinnert sich der Ort an seine Geschichte. Unterhalb der Burg beziehen mittelalterliche Fahrensleute ihr Lager. In den engen Gassen des Dorfes, das sich in Ringen um den Burgberg drängt, bieten 90 Händler*innen Waren und Speisen feil. Bader, Wippdrechsler, Holzbildhauer, Wachsgießer, Gold- und Hufschmiede, Salzsieder und Korbflechter bieten ihre Dienste an oder geben Einblick in ihr Handwerk.

Ein Dutzend mittelalterliche Musikgruppen, Spielleute und Gaukler ziehen drei Tagen lang durch den historischen Ortskern oder spielen auf der Bühne auf. Märchenerzähler und Bogenschützen lassen Kinderaugen strahlen. – Die Gäste gewanden sich oft selbst mittelalterlich, lachen mit den Gauklern, lauschen den fahrenden Spielleuten, erfreuen sich an deftigen Speisen und nehmen manches Erzeugnis der mittelalterlichen Küche mit nach Hause. – Diese Mischung aus engen Gassen und Gutshöfen der Weingüter ist ideal. Zumal mit dem „Kurpfälzer Amtshof" eine Gaststätte in authentischem Ambiente zur Gasterei einlädt, die es sich ganz zur Aufgabe gemacht hat, den Hauch der Geschichte durch das alte Gemäuer wehen zu lassen. – Auf den Nahewiesen messen sich stolze Ritter in spektakulären Zweikämpfen vor der einmaligen Kulisse des mächtigen Rotenfels. Das Ritterturnier wird stets theatralisch von bundesweit bekannten Stuntgruppen, zum Beispiel von den „Rittern von Ebernburg", der Pferdestunt Company, gestaltet. In ihrem Programm kommen bis zu sieben Stuntpferde sowie zahlreiche Schauspieler in prachtvollen Gewändern sowie über 30 Krieger zu Fuß zum Einsatz. Insgesamt laden mehr als 200 historisch gekleidete Akteure zu dieser großartigen Veranstaltung ein. Beginn des Turniers am Samstag und Sonntag ist jeweils um 15 Uhr. Der Festumzug am Samstag- und Sonntagnachmittag und der klingende Wettstreit der Sackpfeifen locken täglich Tausende in den romantischen Naheort.

Vielen gilt der Markt als eines der schönsten Mittelalterspektakel in Deutschland. Auf jeden Fall ist er ein unvergessliches Fest für die ganze Familie.

Burgstraße Ebernburg,55583 Bad Kreuznach (Stadtteil Bad Münster am Stein-Ebernburg); www.bad-muenster-am-stein.de und www.mittelaltermarkt-ebernburg.de; ÖPNV: Linie 201, Haltestelle Ebernburg Bahnhof, 10 Minuten zu Fuß vom Bahnhof Bad Münster am Stein

97

Heimatliche Genüsse mit Liebe zur Region

Der Bauernmarkt der Weinbauschule

Lamas und Alpakas spitzen die Ohren, Ponys tragen geduldig Kinder herum, der Geruch von frischem Brot liegt in der Luft, Schweinerüssel schnüffeln neugierig, eine Seilwinde dreht sich, Jagdhornklänge dringen in die Ohren, an über 100 Ständen kaufen und informieren sich Kund*innen über das, was auf Feld, Wald, Wiese, in Mühlen, Ställen, Handwerk, in Weinbergen und Keltereien erzeugt wird – kurzum: Es ist wieder Bauernmarkt wie an jedem zweiten Septembersamstag.
Die Staatliche Lehr- und Versuchsanstalt (SLVA), neuerdings Dienstleistungszentrum ländlicher Raum (DLR) genannt, blickt auf eine 110-jährige Tradition als Obst- und Weinbauschule zurück. 1899 beschloss der Preußische Provinziallandtag die Errichtung der Schule und Forschungsanstalt zur Förderung der Landwirtschaft. Behauptet haben sich bis heute die Berufsbildende Schule und das Staatsweingut mit seiner wichtigen Forschungs- und Beratungsarbeit für Weinbaubetriebe. Fachliche Wissensvermittlung, zum Beispiel über den Einsatz von Pflanzenschutzmitteln, ist die Kernaufgabe der DLR. Doch einmal im Jahr eröffnet das Dienstleistungszentrum zum Tag der offenen Tür Einblick in seine Arbeit und ist mit dem seit 1994 etablierten Bauernmarkt, ein Schaufenster für die vielen regionalen Produkte von Direkterzeuger*innen der Nahe-Hunsrück Region. Was als Versuch begann, hat sich zu einer festen Institution entwickelt. Weinproben im Holzfasskeller, Informationsstände, Diskussionsforen, Musik, Puppentheater, Gaumenfreuden gehören ebenso zum auf die ganze Familie zugeschnittenen Programm wie Floristik, Kunstgewerbe und Handwerk. „Heute ist es für die meisten von uns selbstverständlich, sich mit dem täglichen Bedarf an Lebensmitteln im Supermarkt einzudecken. Immer mehr Menschen wünschen sich jedoch regionale und ursprüngliche Produkte. Die finden sie auf dem Kreuznacher Bauernmarkt?", erklärt DLR-Leiter Michael Lipps. Die Kinder erleben Alpakas von Hunsrück-Lama, Hühner, Schafe, Melken, Töpfern, Basteln und behalten so den Bauernmarkt in bester Erinnerung, damit sie selbst einmal mit ihren Kindern am zweiten Septembersamstag zum DLR kommen.

Rüdesheimer Str. 60 – 68, 55545 Bad Kreuznach
www.dlr.rlp.de, www.hunsrueck-lama.de
ÖPNV: Linie 241, 251, Haltestelle Weinbauschule

Das Vollbad in der Nahe gehört einfach dazu

Das Fischerstechen auf der Roseninsel

Im Sommer bietet sich den Flaneur*innen auf der Alten Nahebrücke oder auf den Terrassenanlagen am Mühlenteich ein besonderes Schauspiel. Einzelne Ruderteams setzen schwankende Boote in Bewegung, die aufeinander zu fahren. Vorne auf einer Planke suchen die Lanzenstecher*innen festen Halt, nicht immer erfolgreich, um im richtigen Augenblick dem Gegenüber einen Stoß zu versetzen und ihn ins Wasser zu befördern. Man trainiert so, denn da ist meist noch einiges zu verbessern, Koordination, Geschwindigkeit, Standsicherheit und Timing, bis es dann im September einige Hundert Meter weiter stromaufwärts losgeht.
Denn am ersten Septemberwochenende wird die Roseninsel zur Fischerstecher-Arena. Für den Hochwasserschutz ist eine große Treppe entstanden: Sie ist die ideale Tribüne für das nach Tausenden zählende Publikum. Viele Vereine und Firmen schicken Teams in die Lanzenduelle. Die Wettkämpfe werden in den Klassen Jugend, Frauen und Männer von Freitag bis Sonntag ausgetragen. Eine strenge Jury überwacht den regelgerechten Ablauf.
Wie andernorts knüpft die Tradition des Fischerstechens an historische Gegebenheiten an. Als der Hotelier und Verkehrsvereinsvorsitzende Alex Jacob, Kreuznacher Urgestein, 1982 das Fischerstechen aus der Taufe hob, wollte er an die Tradition der Nahefischer erinnern. Jahrhundertelang versorgten sie die Bevölkerung mit frischem Fisch, den sie auf ihren flachen Kähnen in der Nahe fingen und auf dem Fischmarkt frisch verkauften. Ein Relief im Fischerturm auf der Wilhelmsbrücke erinnert an diese Tradition. 1975 war dem letzten Nahefischer, Jakob Wirth, sein letztes Boot gestohlen worden. Das war das Ende. Die Fischereirechte übt heute der Angelsportverein Nahe aus. Die Nahe war nie schiffbar, die Ufer sind naturbelassen und stehen zum Teil unter Naturschutz. Fischerei, Mühlen und Gerbereien waren die Gewerbe, die den Fluss nutzten.
Den Besucher*innen des Volksfestes dürfte das ziemlich egal sein. Sie verfolgen die Kämpfe, bejubeln jedes Vollbad und genießen die Geselligkeit auf der Gastromeile. Nächtliche Illuminationen und ein Musikprogramm sorgen für Stimmung.

Priegerpromenade, 55543 Bad Kreuznach
www.fischerstechen-badkreuznach.de
ÖPNV: Buslinie 201, Haltestelle Oranienpark (zu Fuß durch die Oranienstraße)

99

Lichtermeer und Liebesäpfel am Rheingrafenstein

Weihnachtsmarkt in Bad Münster am Stein

Jährlich ziehen in Deutschland mehr als 2500 Weihnachtsmärkte in der Adventszeit die Menschen an. Um zu schlemmen, Geschenke zu kaufen oder einfach zu bummeln und die Atmosphäre auf sich wirken zu lassen. Was so allerorts geboten wird, unterscheidet sich, Hand aufs Herz, nicht wirklich stark. Die Eindrücke, die Musik, die Speisen und Getränke scheinen austauschbar. Da ist es schon mutig zu sagen, der Weihnachtsmarkt im Kurpark Bad Münster am Stein – er findet an den Adventswochenenden statt – sei etwas Besonderes. Stimmt aber!

Sein unverwechselbares Ambiente erhält das bunte Adventstreiben vor der Kulisse des mächtig aufragenden Rheingrafensteins dann, wenn Dämmerung und Dunkelheit hereinbrechen. Lichter lassen die Umrisse der Bäume und die Silhouette des historischen Kurmittelhauses hervortreten, wie ein Riese wacht der illuminierte Rheingrafenstein über das Geschehen. Das ist der Rahmen für mehr als 100 Stände, die im Kurpark, in der Brunnenhalle und im Kurpavillon zum gemütlichen Bummel einladen. Die Angebotspalette bereichern hier Kunsthandwerk und Geschenkartikelanbieter*innen, die den Charakter des Marktes prägen. Daher finden die Besucher*innen in Bad Münster am Stein unter anderem Holzkunst, Vogelhäuschen aus Weinkorken, Gartendeko aus Metall, Naturprodukte, Naschwerk, Handgenähtes, Adventsgestecke, viele individuelle Geschenkideen und knallrote Liebesäpfel. Insbesondere in der von Jugendstil und Art déco beeinflussten Brunnenhalle finden künstlerische Produkte – Schmuck, Bücher, Malerei – einen stilvollen Ausstellungsort. Mit dazu gehört ein weihnachtlich buntes Programm. Weihnachtslieder erklingen, passend zur Felskulisse verschaffen sich Alphörner Gehör, Geigen und Drehorgel stimmen auf die Adventszeit ein. Zaubershows für die ganze Familie sorgen für Unterhaltung, eine Feuershow lässt die Augen der Kleinen groß werden. Und natürlich strolcht jemand im Weihnachtsmannkostüm über das Gelände. Nicht fehlen darf eine lebensgroße Krippe, die in der Konzertmuschel bestaunt werden kann.

Kurpark Bad Münster am Stein, Kurhausstraße 25, 55583 Bad Kreuznach (Stadtteil Bad Münster am Stein-Ebernburg)
ÖPNV: Stadtbuslinie 201, Haltestelle Bad Münster am Stein Mitte

ALLGÄUER BÜBLE BIE

Bad Münster
am Stein-Ebernburg
B 48
Nahe
Schlossgartenstr.
Burgstr.
Berliner Straße
Kapitän-Lorenz-Ufer
Freibad
Alsenz
Camping
36
96
52
53
49
15
73
66
66
50
93
80
92
99
78
13
14
Hargesheim
B 41
Rüdesheim (Nahe)
Ellerbach
39
98
83
72
92
12
56
28
22
84
Hüffelsheim
Traisen
Norheim
96
86
Nahe
71
Bad Münster
am Stein-Ebernburg
14
Niederhausen
B 48
Alsenz
Drei Buchen
289 m
89
65
Golfclub Nahetal

Winzenheim
B 48
B 41
B 48
Nahe
Planig
Brückes
Bad Kreuznach
Wilhelmstr.
Straße
Bosenheimer Straße
B 428
Alzeyer
Straße
Mann-
heimer
Straße
Bosenheim
Rheingrafenstr.
Steinweg
Stromberger Str.
Brückes
Landfuhrbrücke
Nahe
Rüdesheimer
Straße
Hoch-
str.
Ellerbach
Str.
Magister-Faust-G.
Wilhelm-
straße
Zwingel
Bad Kreuznach
Dr. Konrad-Adenauer-Str.
Viktoria-
str.
Hüffelsheimer
Klapperg.
Kurhausstr.
Roß-
str.
Dr.-Alfons-Gamp-Str.
Kreuz-
Gymnasial-
str.
Mannheimer Str.
Wilhelmstraße
Mühlenteich
Badeallee
Salinen-
straße
Rheingrafenstr.
Baumgartenstr.
Bahnstr.
Mannheimer Str.
Nahe
enstein
Kreuznacher
Stadtwald

Der Autor

Dr. Michael Vesper, Jahrgang 1963, kommt aus Darmstadt. Er studierte in Mainz Geschichte und öffentliches Recht. Seit 1996 war er für die Stadt Bad Kreuznach als Pressesprecher tätig und seit 2003 ist er Geschäftsführer der städtischen Tourismusgesellschaft. Als Vorsitzender des Vereins für Heimatkunde für Stadt und Kreis Bad Kreuznach liegt ihm die Pflege des historischen und kulturellen Erbes der Region am Herzen.

Register

A

Sie sind Kreuznach-Fan? Dann haben wir noch etwas richtig Tolles für Sie!

Steffen Kaul: Bad Kreuznach. Die 70er Jahre

Auf 167 Fotos zeigt der Kreuznacher Sammler Steffen Kaul wie Bad Kreuznach sich in den Jahren zwischen 1970 und 1980 verändert hat: Vom Abriss und Neubau der Kauzenburg oder des Krankenhauses Marienwörth sowie des Landratsamtes bis zur Einweihung der ersten Fußgängerzone und des 10-jährigen Jubiläums des Bourger Platzes. Er erinnert an die ersten Politessen, an das beliebte Fackelschwimmen im Mühlenteich, ans Big Ben ebenso wie an die Schlaghosen, die damals einfach alle trugen. Und andere Ereignisse kommen auch nicht zu kurz: Der damalige Bundeskanzler Willy Brandt hat die Stadt besucht und Maria Schell war auch da: zur Einweihung des Bekleidungshauses Hettlage. – Am wichtigsten sind Steffen Kaul jedoch die sogenannten kleinen Leute: Auf vielen Fotos zeigt er, wie in den 70er Jahren in Bad Kreuznach gelebt, gearbeitet und gefeiert wurde!
ISBN 978-3-942291-07-1, Hardcover, 176 S., 17,90 €

Sie lieben Krimis? Wir haben jede Menge!

Vera Bleibtreu: Schöner sterben. Tod eines Feng-Shui-Beraters

Die erfolgreiche Immobilienmaklerin Maike Just wird erschlagen aufgefunden. Kurz vorher ist der Feng-Shui-Berater Daniel von Wertkamp tödlich verunglückt: In einem seiner Autoreifen steckt ein Nagel – ein Unfall, was sonst? Aber seine Witwe besteht darauf, dass es Mord war. Mit der Beerdigung betraut die Witwe ihre ehemalige Klassenkameradin, die Mainzer Pfarrerin Susanne Hertz. Als kurz danach im Keller eines Gonsenheimer Hauses eine skelettierte Leiche gefunden wird, hat das Team um die Mainzer Kriminalkommissarin Tanja Schmidt jede Menge Arbeit: Kann es wirklich sein, dass alle drei Fälle zusammenhängen?!?
Ausgerechnet der Steinsarg von Bischof Erkanbald im Alten Dom St Johannis bringt Tanja Schmidt auf die richtige Spur ...
ISBN 978-3-945782-55-2, Broschur, 158 S., 10 €

Tödlicher Glühwein. 21 Weihnachtskrimis aus der Pfalz

Hg. von Gina Greifenstein und Angelika Schulz-Parthu
Stille Nacht, heilige Nacht? Von wegen! In ihren Weihnachtskrimis aus der Pfalz zeigen 21 Autorinnen und Autoren, dass auch zwischen dem ersten Advent und Silvester alte Rechnungen beglichen und neue aufgemacht werden. – Da trifft sich eine Freundesclique zum letzten Mal zu ihrer traditionellen Burgenwanderung – mit viel Glühwein! – im Pfälzerwald, in Groß-Bundenbach lebt zur Wintersonnwende ein altes Ritual wieder auf, während eine alte Dame im Spätzug ausgerechnet von einem Nikolaus überfallen wird und ein Ehemann in Barbelroth Haus und Garten in ein glitzerndes,

blinkendes Weihnachtswahnsinnsland verwandelt. Psychologisch fein austarierte Tatabläufe treffen auf spontane Befreiungsschläge und manchmal auf die Falschen … – Die Tatorte sind Barbelroth, Flomersheim, Frankenthal, Groß-Bundenbach, Landau (4), Ludwigshafen (3), Neustadt (2), Nußdorf (2), der Pfälzerwald bei Leinsweiler, Speyer (2) und die Südpfalz (3).
ISBN 978-3-942291-80-4, 244 S., Broschur, 9,90 €

Stina Jensen: Playa de Palma. Abgrundtief
Levke Sönkamp hat alles verloren. Auf Mallorca möchte sie noch einmal die Orte besuchen, an denen sie und ihr Mann Max so glücklich waren. Dabei trifft sie im idyllischen Valldemossa auf die neunzehnjährige, frisch verliebte Insa. Als Insa kurz darauf an der Playa de Palma tot aufgefunden wird, kann Levke nicht wie Chefinspektor Barceló an einen Selbstmord glauben. Gemeinsam mit dem Journalisten Rafael macht sie sich auf die Suche nach dem wahren Grund für Insas Tod. Schon bald steckt Levke mitten in einem Verwirrspiel aus Lügen, Eifersucht und Missgunst …
ISBN 978-3-945782-40-8, 262 S., Broschur, 10 €

Ulrike Blatter: Töchter des Todes
Für Aylin Hodžić läuft alles super: Die junge Frau mit bosnischen Wurzeln hat gerade Abitur gemacht, will Journalistin werden und ist frisch verliebt. Dann jedoch gerät alles ins Wanken: Ihre ältere Schwester Semina verschleiert sich und verschwindet. Dabei spielte Religion im Leben der beiden Schwestern nie eine Rolle. Jetzt jedoch werden Semina und damit auch Aylin und ihre Eltern nur noch als Muslime wahrgenommen und die ganze Familie steht in den (sozialen) Medien am Pranger. – Kurz darauf detoniert in ihrer Heimatstadt Taufingen eine Bombe. Für die Medien und die Öffentlichkeit ist der Fall klar, und eine brutale Hetzjagd gegen die Familie beginnt. Aber alle Ermittlungsspuren führen in die Irre – oder bringen Aylin in tödliche Gefahr.
„Blendend recherchiert, packend und kraftvoll geschrieben!"
ISBN 978-3-945782-45-3, ca. 300 S., Broschur, 11 €

Gina Greifenstein: Spectaculum. Paula Sterns erster Fall
Sie liebt ihr Motorrad, gutes Essen und hat ihren italienischen Freund gerade in die Wüste geschickt. Kriminalkommissarin Paula Stern, frisch aus München ins pfälzische Landau versetzt, wird noch vor ihrem ersten Arbeitstag zu einem Fall gerufen. Auf Burg Landeck gibt es einen Toten – und zwar genau während eines der beliebten Mittelalterfeste. Mit ihrem neuen Kollegen Bernd Keeser ermittelt Paula Stern iund findet jede Menge Verdächtige. Ob die Exfrau, der eigene Sohn, gehörnte Ehemänner oder ruinierte Scheidungsopfer – sie alle haben gute Gründe, dem Toten die Pest an den Hals zu wünschen … Im Anhang gibt Gina Greifenstein Tipps zu den wunderbaren Ausflugszielen ihres Duos und verrät deren Lieblingsrezepte.
ISBN 978-3-945782-48-4, 291 Seiten, Broschur, 12 €
ebook: ISBN 978-3-945782-53-8, 9,99 €

Aber wir haben auch Kochbücher, Gartenbücher, Reiseführer, Kinderbücher und und und